Programa SESI-SP na Trilha dos Saberes

Walter Vicioni Gonçalves

Heliópolis

uma possibilidade
de educação além
do reforço escolar

São Paulo
1ª edição, 2013

SESI-SP editora

SESI-SP editora

Conselho editorial   Paulo Skaf (Presidente)
Walter Vicioni Gonçalves
Débora Cypriano Botelho
Neusa Mariani

© SESI-SP Editora, 2013

Dados Internacionais de Catalogação na Publicação (CIP)

Gonçalves, Walter Vicioni
    Programa SESI-SP na trilha dos saberes / Walter Vicioni Gonçalves.
São Paulo: SESI-SP editora, 2013.
120 p. il.

    ISBN 978-85-825-065-1

    1. Educação 2. Apoio escolar I. Título

                                                           CDD – 37

Índices para catálogo sistemático:
1. Educação : Apoio escolar
2. SESI-SP : Apoio escolar

Texto em conformidade com as novas regras do Acordo Ortográfico da Língua Portuguesa.

Sumário

1. Apresentação — 6

2. O SESI-SP e a Educação — 10

3. Heliópolis — 14

4. Os desafios da construção de um projeto pedagógico — 20

5. Histórias de transformação — 36

6. Possíveis conclusões — 40

7. Depoimentos — 46

Álbum de fotografias — 73

Evolução escolar — 107

1

O Serviço Social da Indústria de São Paulo – SESI-SP – tem uma longa história na área da Educação. Desde sua criação, em 1946, realizou experiências em diferentes níveis de ensino, em um trabalho de investigação e busca constante de alternativas adequadas às exigências de cada época e de cada realidade, que resultaram na criação de um sistema de ensino com princípios únicos, mas flexível. Uma trajetória consolidada que pode ser corroborada por números, avaliações, enfim, por todos os indicadores de eficiência que se possa imaginar.

Essa é uma história razoavelmente conhecida, e ao alcance de todos os que se interessarem. Está documentada em *sites*, em nossos relatórios anuais, estudos, reportagens. O trabalho realizado pelo SESI-SP no campo da Educação, do Esporte e da Cultura goza de inquestionável reconhecimento social.

Apresentação

Mas não é da história que trata este livro. Nosso objetivo aqui é descrever com grau suficiente de detalhamento uma experiência pedagógica iniciada em 2007, inovadora dentro e fora do SESI-SP, ainda pouco conhecida e que pode inspirar outras iniciativas semelhantes. Trata-se da apresentação de um programa desenvolvido pelo SESI-SP na região de Heliópolis, uma das mais mobilizadas comunidades urbanas brasileiras, que vem buscando se reorganizar a partir da educação e do conceito de bairro educador.

O SESI-SP tornou-se parte desse contexto ao colocar sua experiência em educação, seus recursos humanos, seus materiais pedagógicos, sua equipe de educadores a serviço do trabalho educativo desenvolvido internamente pela comunidade. É um projeto de reforço escolar? De educação complementar? Tudo isso, mas também é mais. O Programa SESI-SP na Trilha dos Saberes é, acima de tudo, a construção de um ambiente educacional que visa à transformação social, potencializando a aprendizagem, resgatando a autoconfiança e elevando a autoestima de crianças e jovens, a partir de estratégias educativas diferenciadas.

Por ambiente entenda-se um espaço de aprendizagem que vai além da sala de aula. No escopo desse programa, tendo como base diferentes realidades, o aprendizado é construído a partir do exercício do corpo e da mente, da resolução de problemas, na compreensão do contexto social, no lúdico, na produção de arte e de cultura. No ambiente que procuramos trilhar, em cada passo, a criança e o adolescente podem aprender a ler e a escrever melhor, desenvolver ideias e conceitos matemáticos, mas deve principalmente mobilizar seus conhecimentos – transformando-os em competências importantes para toda a sua vida.

Nosso objetivo aqui é apresentar o desenvolvimento dessa proposta desde sua implantação, iniciada há seis anos. Queremos mostrar o percurso complexo e os desafios, como as condições de implantação, a construção de uma proposta educativa, visando a compartilhar caminhos que possam inspirar iniciativas semelhantes.

Esta história começa a ser contada nas próximas páginas. Mas não podemos fazer um caminho direto. Antes, vamos situar os leitores nos diversos planos contemplados nesse programa, bem como no complexo contexto de implantação.

Vamos falar um pouco do SESI-SP como organização que pensa e faz Educação para, em seguida, apresentar a comunidade de Heliópolis e a organização social União de Núcleos, Associações e Sociedades de Moradores de Heliópolis e São João Clímaco, conhecida como UNAS.

Depois dessa breve introdução, vamos falar do caminho trilhado na busca da transformação da trajetória de vida de milhares de crianças e jovens.

Por fim, reunimos depoimentos de alguns dos personagens principais dessa história, que começa a ser contada agora.

O Programa SESI-SP na Trilha dos Saberes é, acima de tudo, a construção de um ambiente educacional que visa à transformação social, potencializando a aprendizagem, resgatando a autoconfiança e elevando a autoestima de crianças e jovens, a partir de estratégias educativas diferenciadas.

O SESI-SP e a Educação

O SESI-SP possui hoje uma das maiores redes privadas de escolas de Educação Básica do país. No estado de São Paulo, são 176 escolas, distribuídas em 111 municípios, onde estudam cerca de 200 mil alunos – crianças, adolescentes e adultos, já que a educação de jovens e adultos também está contemplada em nosso sistema educacional.

O trabalho tem início na Educação Infantil. Trata-se de uma iniciativa que articula a rede de cuidados necessários no trato com a infância, com um ambiente ao mesmo tempo afetivo e repleto de oportunidades de aprendizagem, principalmente a partir de atividades lúdicas, de exploração do ambiente, com múltiplas oportunidades de expressão e de interação, que vão favorecer a construção da identidade e da autonomia.

A partir da transição para o Ensino Fundamental, aprofunda-se a perspectiva de educação integral. Nossos alunos estudam, sim, mas também praticam esportes, têm acesso a atividades culturais, desenvolvem o sentido de empreendedorismo, usufruem das possibilidades abertas pela tecnologia, aprendem inglês – contando com todas as condições necessárias a pessoas em formação, das quais fazem parte, por exemplo, uma alimentação equilibrada e cuidados globais com o desenvolvimento.

Por fim, no Ensino Médio, o aluno tem a oportunidade, desde 2007, de realizar cursos técnicos, de forma articulada, no Serviço Nacional de Aprendizagem Industrial (SENAI-SP) ou em um dos cursos técnicos oferecidos pelo SESI-SP.

Com isso, tem-se uma Educação Básica orientada por um ponto de vista abrangente de ensino, no qual a criança e o jovem recebem um olhar ampliado, que culmina com o desenvolvimento das competências necessárias para viver e conviver em sociedade, além de uma possível inserção no mundo do trabalho.

Em um tempo em que o país começa a apostar na educação em tempo integral como um modelo educacional mais adequado às pretensões brasileiras de inserção no mundo contemporâneo, não é exagero dizer que o SESI-SP tem a oferecer uma experiência consolidada.

Gerir e manter uma rede tão longeva e completa exigiu do SESI-SP o desenvolvimento de uma proposta educativa independente, o que significa possuir um corpo estável de profissionais da Educação, dentro de uma carreira funcional na qual se progride por mérito, atualizado a partir da oferta planejada de um programa de formação continuada, conforme as demandas reais do exercício diário do processo de ensino e de aprendizagem.

Nas Escolas SESI, é adotado material didático próprio – construído com a participação e validação dos profissionais da rede –, adequado à realidade dos nossos alunos. O desenvolvimento desse material é parte de um plano estratégico, implantado pelo SESI-SP em 2007, como um grande investimento de modernização de sua infraestrutura (por meio da construção de escolas com nova concepção arquitetônica) e aprimoramento da qualidade de ensino, o que inclui iniciativas de avaliação e formação de professores.

É dentro desse contexto, portanto, que deve ser entendido o Programa SESI-SP na Trilha dos Saberes, pois foi justamente o reconhecimento da proposta de trabalho educacional do SESI-SP o ponto de partida para o encontro entre o SESI e a União de Núcleos, Associações e Sociedades de Moradores de Heliópolis e São João Clímaco (UNAS), dando início ao projeto, em 2007.

O leitor menos habituado com processos de implantação de projetos pedagógicos pode pensar que o encontro se deu como numa relação de prestação de serviços com a simples aplicação da nova experiência em um contexto no qual seria particularmente útil.

Nada disso. A complexidade da Educação, ou antes, a complexidade das relações sociais e humanas impõe um concerto de expectativas, projetos e ações muito mais intrincado.

Por isso, para compreender como esse encontro se deu, é preciso também conhecer um pouco melhor a trajetória da UNAS e o contexto onde nasceu, Heliópolis.

A criança e o jovem recebem um olhar ampliado, que culmina com o desenvolvimento de competências necessárias para viver e conviver em sociedade, além de uma possível inserção no mundo do trabalho.

3

Com quase 200 mil moradores, a comunidade de Heliópolis ocupa uma área de 1 milhão de metros quadrados, encravada entre a região do Ipiranga, em São Paulo, e a cidade de São Caetano do Sul.

A ocupação da área começou em 1971, quando a Prefeitura de São Paulo transferiu provisoriamente 150 famílias vindas de Vila Prudente para uma área originalmente pertencente ao INSS. Começava a ser formada a maior favela da América Latina, que por muitos anos foi cenário de violência, tráfico e vulnerabilidade social extrema. Na década de 1980, na onda crescente de violência, Heliópolis era notícia pelo massacre de crianças e jovens, em execuções e chacinas.

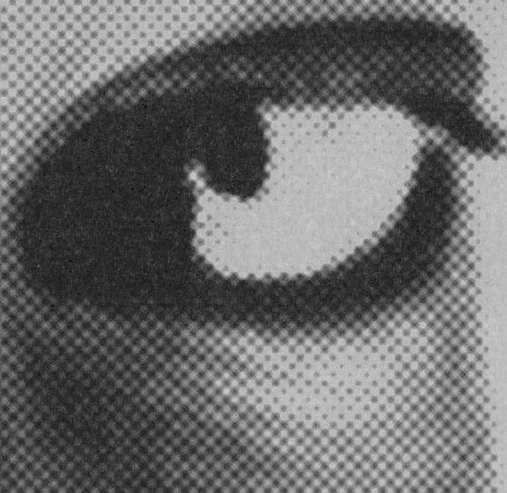

Heliópolis

Mas Heliópolis conseguiu avançar e superar muitas das lembranças terríveis que a marcaram.

Com olhar ainda mais atento, será possível notar que atividades educacionais se tornam cada vez mais comuns na comunidade, em seus diversos espaços – por exemplo, nos Centros da Criança e do Adolescente (CCAs), estruturas municipais administradas por organizações sociais, sempre vivos e agitados com a presença de crianças e adolescentes da região. Há diversos projetos sociais em andamento, como o Lance Livre, da renomada jogadora de basquetebol Marta de Souza Sobral, que desenvolve iniciação esportiva para a comunidade.

Evidentemente, ainda há muito que fazer. A educação é um desafio concreto em nosso país: há carência de vagas em creches e uma oferta de ensino que, na maioria das instituições escolares, não atende às exigências da Educação para o mundo contemporâneo. Essa é também a realidade de Heliópolis. Mas essa comunidade conseguiu se tornar um exemplo reconhecido de que se pode mudar o destino pela aposta na Educação.

Pelo trabalho feito pelos seus líderes, a UNAS passou de uma entidade nascida em torno de questões habitacionais para se tornar uma organização que prioriza a educação como forma de desenvolvimento humano e social – em grande parte pela atuação de seus fundadores, Genésia Ferreira da Silva Miranda e João Miranda Neto, bem como da atual diretora da entidade, Antônia Cleide Alves.

O processo de constituição da comunidade se deu inevitavelmente dentro de uma disputa de espaço com o tráfico, desde o início. Nas décadas de 1980 e 1990, a violência grassava e raramente passava-se uma semana em que corpos de adolescentes não fossem encontrados pelas vielas. "Sabíamos que precisávamos combater a violência, mas não sabíamos como. Era uma grande responsabilidade. Esses meninos, filhos da violência, faziam parte da cidade, do estado. Todos tínhamos uma responsabilidade a dar conta", lembra Genésia em seu depoimento feito ao jornalista Paulo de Camargo – ela mesma várias vezes ameaçada de morte, vivendo escondida e dormindo fora de sua casa.

Foram muitas as discussões sobre os caminhos a serem adotados. A UNAS já trabalhava então com abrigos e creches, e percebeu que precisa pensar na formação de seus educadores sociais.

> Nas décadas de 1980 e 1990, a violência grassava e raramente passava-se uma semana em que corpos de adolescentes não fossem encontrados pelas vielas.

Já estava clara, para todos, a noção de que a solução envolvia a participação de toda a sociedade. Foi então que começou a busca por parceiros, em diversas áreas.

Começaram a ser costurados os apoios de empresas e de organizações sociais do campo educacional, como o Avisa Lá e o Centro de Estudos e Pesquisas Educação, Cultura e Ação Comunitária (Cenpec), que atuaram com formação de educadores sociais.

Mas, à medida que Heliópolis tomava consciência do quanto havia a fazer, ficavam mais claras também as dificuldades. "Uma das nossas grandes angústias era ver jovens já no final do Ensino Fundamental sem saber ler e escrever", lembra Genésia em seu depoimento. "Eles eram resistentes, agressivos, não tínhamos como lidar com essa situação, pois víamos que eles reagiam dessa forma, na verdade, pela angústia de não aprender", completa.

Nesse momento, foi decisiva para Heliópolis a educadora Regina Barros. Depois de lecionar por 17 anos em uma das mais respeitadas escolas brasileiras, o Colégio Vera Cruz, Regina começou a atuar voluntariamente em Heliópolis – vivendo um choque pelo contraste entre os dois mundos.

Em Heliópolis, Regina coordenou um projeto de conscientização sobre os perigos do álcool – o Alcoolcientes –, e passou a se envolver cada vez mais com os desafios da comunidade. "Eles sabiam o que queriam. Sabiam que a Educação que recebiam era ruim, que precisavam melhorar. Vi que essa comunidade merecia mais qualidade, outra escola, outros seres humanos", lembra Regina, também em depoimento feito para esta publicação.

Foi em 2007, durante um evento realizado pelo SESI-SP, que se vislumbraram as possibilidades do encontro entre o grande potencial de ação do SESI-SP na Educação e as demandas prementes de Heliópolis. Assim, foi agendada a primeira reunião de trabalho, com a presença de representantes da UNAS e do SESI-SP.

A expectativa era grande. Participaram, por Heliópolis, Genésia, João, Cleide, entre outros, apresentando-nos a história da UNAS e a preocupação com as crianças perdidas para a violência e para o tráfico, os problemas como a gravidez precoce e o abandono escolar. No SESI-SP, a ideia encontrou pronta receptividade, principalmente do nosso presidente, Paulo Skaf. A decisão do SESI-SP de apoiar e enriquecer a educação em Heliópolis estava tomada.

A notícia se alastrou rapidamente. "A comunidade ouvia falar da qualidade do SESI-SP, mas não acreditava que um dia isso poderia vir a fazer parte da vida deles. Para esse povo, que se sentia abandonado, saber que o SESI-SP vinha para a comunidade era um sinal de que instituições importantes estavam lhes dando importância", lembra Genésia.

Depois dessa reunião executiva muito objetiva e já com decisões concretas, novos encontros voltaram a acontecer, dois meses depois, com a presença da nossa diretoria em Heliópolis. As providências se sucederam de forma ininterrupta.

No SESI-SP, coube a mim, diretor de operações à época, a coordenação geral da implantação. O desenho da proposta pedagógica ficou a cargo da então gerente de Educação Básica, Maria José Zanardi Dias Castaldi, que visitou pessoalmente todos os CCAs para conhecer as características do trabalho e as demandas. Era chegada a fase da implantação de um projeto que deveria olhar simultaneamente para a realidade social, para a realidade educacional e para um horizonte inovador de educação.

Os pressupostos

Um engano recorrente de empresas, organizações sociais e até mesmo de grupos voluntários que desejam contribuir com projetos em comunidades como Heliópolis é conferir ao trabalho social o caráter de caridade ou doação – que traz embutida a falsa ideia de que toda ação é válida e, por sua boa intenção, deve necessariamente ser aceita. Muitas boas propostas são malsucedidas por partirem desse ponto de vista equivocado.

Os desafios da construção de um projeto pedagógico

A resposta para esse fenômeno é simples, e vale para pessoas e comunidades, especialmente quando se trata de Educação. Falar de Educação é falar de valores, de identidade, de objetivos comuns, de um conjunto de expectativas que devem ser compartilhadas, de valorização. Falar de Educação é tratar de transformação de pessoas, e toda transformação ocorre por meio da sensibilização, no movimento que implica a tomada interna de consciência para expressão de ideias e ações.

Isso vale para comunidades que buscam seu desenvolvimento. É preciso que toda colaboração externa aconteça na medida das demandas da comunidade, e trabalhe sempre em busca de fortalecer o sentido de pertencer, de identidade e, principalmente, de autonomia. Caso contrário, terá reduzidas chances de sucesso, já que toda intervenção precisa ser aceita, incorporada, assimilada de acordo com a cultura local, numa relação horizontalizada, flexível e sem imposições ou paternalismo. É a diferença entre a doação e a parceria.

E foi com o sentimento de "trilhar uma construção de saberes", de forma coletiva, que o SESI-SP chegou a Heliópolis. Afinal, se não são possíveis receitas prontas, com a aplicação de metodologias fechadas, é preciso que a proposta pedagógica seja construída a partir de princípios e valores frutos de consenso, que se realizem levando em conta as condições reais de implantação e desenvolvimento.

Assim, o primeiro passo planejado para esse projeto educativo foi escutar. Esse cuidado foi tomado pelo SESI-SP, que desde o início se apresentou não como detentor do saber, mas como um parceiro sensível e disposto a entender as necessidades da comunidade.

Até porque já havia um projeto em curso. Nos CCAs, a UNAS já havia implantado um conjunto de atividades com o objetivo de atender crianças e adolescentes de 6 a 14 anos, no horário do contraturno, com atividades como teatro, esportes, xadrez, *hip--hop*, entre outras. Quando o SESI-SP iniciou sua participação, já existia, por exemplo, um corpo de educadores sociais, formado por estudantes de Ensino Médio que atuavam como monitores das turmas. Os espaços educativos estavam dados, e também já havia uma organização do tempo e das rotinas.

O desenvolvimento e a implantação do Programa SESI-SP na Trilha dos Saberes deveria, assim, assimilar e ser assimilado pela estrutura existente.

A princípio, após uma sondagem realizada com as crianças e os adolescentes, as turmas eram divididas por conhecimento, mas isso gerou certo desconforto. Assim, adotou-se a organização das turmas por faixa etária.

A partir de então, os professores do SESI-SP, após processo de avaliação diagnóstica, organizam os grupos e planejam atividades adequando-as às suas necessidades, independentemente da turma em que a criança ou o adolescente se encontra na escola de Ensino Fundamental, criando as condições adequadas a um atendimento personalizado e individualizado.

A observação e a sensibilidade estiveram presentes desde o primeiro momento. Não se tratava de substituir, mudar, impor, mas de acrescentar, transformar, construir junto. Desde o início, estava claro que o espaço de atuação do SESI-SP era a definição das linhas mestras das concepções e práticas pedagógicas alinhadas ao contexto da Educação não formal, de forma a levar às crianças um "algo a mais", que não encontravam na rede pública de ensino que as atendia.

Esse "algo a mais" ganhou diferentes interpretações, desde o início: em certo tempo, pensava-se na importância de trabalhar com crianças e adolescentes os conteúdos mal aprendidos na escola regular; ao mesmo tempo, aventou-se a importância de um reforço, no sentido de melhorar a fixação dos saberes.

Por isso, o desenvolvimento do projeto pedagógico mostrou a todos que esses princípios instrumentais do trabalho estavam contidos em uma perspectiva mais ampla. De um lado, a ideia de uma educação que fosse menos refém da escola formal, ou seja, que pudesse se dar em outros espaços e tempos, com o sujeito num papel de protagonista na construção de seus percursos de aprendizagem. De outro, a oferta de um ambiente socialmente inclusivo, preparado para receber crianças e adolescentes com defasagens pedagógicas indissociáveis de outras situações de vulnerabilidade psicossocial, familiar e até médica e nutricional.

Foi do encontro dessas duas premissas que emergiram os pilares de uma construção colaborativa e participativa, para desenvolver atividades com aprendizagens significativas, tendo como ponto de partida a linguagem da cultura histórico-social da realidade da comunidade.

Assim, no Programa SESI-SP na Trilha dos Saberes, colocam-se crianças e jovens ante as problemáticas vividas na comunidade e, ao mesmo tempo, aposta-se firmemente na possibilidade de superação das limitações trazidas por estes, em seus diferentes contextos.

Com intencionalidade pedagógica, ou seja, com objetivos educativos claros, o SESI-SP buscou oferecer às crianças e aos adolescentes aquilo que não encontravam na escola regular, tampouco nas atividades rotineiras do CCA: oportunidades de exercitar conhecimentos fundamentais articulados às competências da escrita e ao conhecimento lógico matemático em situações reais, além da autonomia, do respeito e da reflexão crítica. E isso só seria possível se estivesse garantido um ambiente de reconstrução da autoestima, abalada por sucessivas dificuldades na vida familiar e no contexto social, inevitavelmente interligadas com os problemas de aprendizagem.

Dessa forma, fica mais fácil compreender por que os projetos educacionais precisam ser aceitos, compreendidos e incorporados por todos os partícipes. Trata-se de uma construção coletiva, que precisa ser antecedida por uma estratégia de aproximação e diálogo.

Não podemos esquecer que era uma experiência nova para o SESI-SP também, e por isso esse projeto foi uma produção coletiva, que foi se ajustando às necessidades da comunidade. É um trabalho educativo mais complexo. Complexidade no sentido de construir "indicações" com diferentes possibilidades de informar, diferentes oportunidades no caminhar, de cuidar e subsidiar escolhas ao mesmo tempo que se vai trilhando o caminho pela primeira vez. Tratava-se de desenvolver um projeto em que todos se sentissem implicados em atrair pessoas com competência, brilho nos olhos e amor pelo ensino.

Era um mundo novo a ser constituído, como um pacto baseado na clareza e na transparência. Desde o início, por exemplo, a UNAS expressou seus receios sobre o perfil do trabalho e dos professores, pois temia que não fossem capazes de entender a realidade vivida pelas crianças naquele contexto. Havia dúvidas, também, sobre a integração entre os docentes e os educadores sociais que já atuavam com as crianças e os adolescentes.

Por isso, foi designada para o programa uma profissional com sensibilidade para projetos sociais, a educadora Carla Govêa, habilitada para mediar as relações entre o SESI-SP e a comunidade, na gerência e em parceria com Maria José Zanardi. Carla observou o potencial do projeto e tornou-se o pivô que permitiu articular o desenho pedagógico do projeto com as elevadas expectativas da comunidade.

Por essa forma de abordagem, pela sensibilidade social e pela abordagem pedagógica integral, desde o primeiro momento o SESI-SP foi legitimado pela comunidade, desenvolvendo um trabalho conjunto com os educadores sociais que já atuavam nos CCAs. Dessa forma o SESI-SP colaborou para fortalecer a UNAS e a

> Não tenho dúvidas de que o SESI-SP colaborou para fortalecer a UNAS e a ideia de bairro educador.

ideia de bairro educador. Sabemos que não são todos que chegam com a ideia de ajudar que conseguem ficar. É preciso conquistar esse direito. O SESI-SP acabou por se tornar um parceiro estratégico, na avaliação de Genésia e de Cleide, da UNAS, com impacto direto na vida das crianças e de suas famílias.

A implantação

O programa foi desenhado no segundo semestre de 2007 e começou a ser implantado em 2008, inicialmente em um único CCA – o PAM –, com 120 alunos, e depois estendido para, aproximadamente, mil crianças e adolescentes.

Muitas das características planejadas para o programa estão presentes desde o primeiro momento.

Para a formação das turmas a serem atendidas pelo SESI-SP – que podem variar de duas a seis, dependendo da quantidade atendida pelo CCA –, há um cuidado para que não seja ultrapassada a quantidade de 15 crianças ou adolescentes por turma.

A cada turma é garantido o atendimento de 1h30, no período da manhã ou da tarde, no contraturno escolar, por professores do SESI-SP, com as demais oficinas e atividades realizadas pelos educadores sociais acontecendo paralelamente.

Do ponto de vista pedagógico, o projeto do SESI-SP está ancorado na ampliação das competências de leitura em língua materna e na alfabetização matemática. Tais competências mostram-se necessárias não apenas ao processo de escolarização e à vida cotidiana, mas são essenciais para que crianças e jovens desenvolvam o gosto pela busca compartilhada do conhecimento. Ou seja, trata-se de fazer algo mais do que ensinar alguns pontos e conteúdos específicos, além de desenvolver uma postura diante do conhecimento.

Tal organização do tempo escolar permite ainda que crianças e adolescentes que frequentam o curso não encontrem "mais do mesmo", ou seja, não são reproduzidas as dinâmicas e estratégias das escolas regulares – o que só faria aumentar a resistência ao formato escolar.

No planejamento inicial, propúnhamos a intervenção em três áreas: Língua Materna, Matemática e Ciências, conhecimentos estruturantes para o conjunto da aprendizagem acadêmica, mas principalmente para a inserção de crianças e adolescentes no meio social.

Em Língua Materna, o objetivo é a leitura e a produção de textos a partir de situações reais de uso e práticas sociais significativas, compreendendo os diferentes registros e as diferentes formas de organização do texto. Basta lembrar que uma das dificuldades comuns desse grupo é a distinção entre as modalidades da linguagem oral e a estrutura da escrita, bem como interpretar e reconhecer as funções sociais de cada uma.

No campo da Linguagem Matemática, são estimulados a desenvolver o pensamento lógico-matemático na resolução de situações complexas e contextualizadas, mobilizando conteúdos e desenvolvendo competências, como a leitura de informações dispostas em gráficos, por exemplo. Nessa área, ganha força o uso de jogos e brincadeiras, bem com as estratégias de resolução de problemas.

Por fim, a linguagem científica visa a estimular os alunos a compreender e analisar a realidade cotidiana a partir dos princípios científicos, percebendo o mundo como uma obra em construção. Dentro das condições de implantação, optou-se por adiar o início dessa última vertente, que foi parcialmente incorporada ao desenvolvimento das atividades pedagógicas.

Evidentemente, o trabalho com base nesses princípios precisa se organizar em uma dinâmica pedagógica que ofereça aos alunos outras perspectivas de assimilação e mobilização dos conhecimentos. Se fosse baseado apenas em aulas expositivas, seguindo um programa rígido, seria pouco eficaz diante dos objetivos pedagógicos estabelecidos.

Por isso, desde o primeiro momento nosso trabalho estruturou-se em torno do conceito de projetos interdisciplinares – ou seja, um conjunto planejado de atividades sequenciais e sistematizadas, com objetivos de aprendizagem previamente definidos, flexibilidade interna para se adaptar aos caminhos de pesquisa e ação escolhidos pelas crianças e adolescentes, e sempre partindo de um problema relacionado à vida cotidiana e aos interesses de toda a comunidade.

Assim, há sempre o estímulo para olhar para fora, reconhecer o espaço que habitam, buscar soluções, utilizar os conhecimentos em situações reais, pesquisar e, por fim, um passo fundamental, compartilhar o que aprenderam com os colegas, a família e a comunidade pelas mais diferentes linguagens.

Projeto Mídia

Para melhor compreender o alcance dos projetos, pode-se tomar o exemplo mais recente: o projeto Mídia, desenvolvido ao longo de 2012. Visando a proporcionar novas formas de ler o mundo, mas também despertar uma consciência crítica ante as questões políticas, culturais e sociais, o projeto envolveu fotografia, cinema, desenho, televisão, gibis, revistas, jornal impresso e música.

A partir de um planejamento trimestral, os alunos construíram o segundo percurso, divididos em três grupos.

No primeiro trimestre, o Grupo 1 trabalhou com as informações contidas nos rótulos dos produtos, envolvendo a criação de um produto e seu rótulo; o Grupo 2 avançou sobre os princípios da propaganda, elaborando um questionário sobre perfil dos consumidores, hábitos alimentares, preferência de sabores, entre outros aspectos. Por fim, o Grupo 3 criou um *jingle* (roteiro, música e letra), montou uma campanha audiovisual e realizou uma degustação às cegas das marcas mais conhecidas de bolachas recheadas, para comparar o que é efeito de propaganda e o que é sabor real.

O uso da Língua Portuguesa nas diferentes situações comunicativas – e, portanto, em diferentes gêneros textuais – esteve presente na criação de um produto e seu rótulo, bem como na explicação de sua importância e necessidade, na elaboração dos questionários, na produção oral através das entrevistas realizadas pelas crianças e adolescentes na comunidade, na leitura, na produção de letras de música, cartazes de campanha, no uso consciente dos produtos ofertados pela mídia e em outras oportunidades. A matemática foi utilizada na leitura e na interpretação das informações contidas nos rótulos dos alimentos (consumo diário), nos preços dos produtos (compra, venda, escambo, troco), na data da validade (tempo), na tabulação dos resultados dos levantamentos, no trabalho com quantidades e medidas, na duração de um comercial televisivo, enfim, nas diferentes situações-problema do dia a dia que se apresentaram.

Como um bom projeto, este também envolveu indicadores de sucesso, definidos ao final de cada trimestre. Na Matemática, esperava-se que no fim do período crianças e adolescentes demonstrassem compreensão sobre o conceito de número a partir de seus diferentes usos; fossem capazes de organizar e elaborar as tabelas e mostrassem evolução no enfrentamento de situações-problema.

Não há provas, chamadas orais ou outras estratégias convencionais de avaliação, por não se tratar de escolarização. Assim como as trilhas são caminhos abertos, as atividades e seus produtos são utilizados como avaliações e as intervenções necessárias são realizadas continuamente. Assim, o professor tem autonomia para avaliar o programa, seu funcionamento e eficácia no cumprimento de metas e objetivos, o que possibilita reorganizar caminhos sempre que necessário.

Em todos os percursos e em cada projeto, diferentes estratégias são utilizadas: pesquisas, leitura individual e coletiva de diversos gêneros textuais, rodas de leitura, dramatização, fórum de debates, reescrita de textos, jogos pedagógicos de aplicação na Linguagem Matemática, englobando a problematização, a mobilização para o pensar e ações para sistematização.

As atividades permitem desvelar os saberes das crianças e dos adolescentes, suas necessidades e seus sonhos, ao mesmo tempo que identificam as reais deficiências nas linguagens: de escrita, de oralidade, de matemática e outras, impactando no reconhecimento da diferença e no respeito ao ritmo de aprendizagem de cada um, independentemente de suas condições econômicas, sociais e psicológicas.

Há, também, um forte componente de formação para a cidadania e o desenvolvimento de valores – essencial para o conjunto dos objetivos pedagógicos definidos. É a prioridade dada a essa dimensão mais ampla e humana que viabiliza a criação de um ambiente no qual crianças e adolescentes se tornam protagonistas do processo.

Em todas as áreas, o trabalho está amparado no conjunto de princípios e referenciais da metodologia que caracteriza os materiais desenvolvidos na área de Educação do SESI-SP. Isso não significa que nossos livros didáticos sejam utilizados sistematicamente, uma vez que o objetivo do projeto não é substituir a escola com aulas regulares e sequenciais. Trata-se de um material de apoio às atividades realizadas.

Fazem parte desse contexto de formação humanística as atividades artísticas e culturais que foram acrescentadas ao planejamento pedagógico inicial.

A partir da avaliação dos trabalhos no projeto-piloto, a dimensão artística, que não estava inicialmente contemplada, ganhou progressivamente peso no trabalho, mostrando-se de incrível potencial ao abrir novos espaços de expressão para as crianças e os adolescentes, um caminho para a construção da identidade e o fortalecimento da autoestima.

Nessa visão, o vínculo entre os sujeitos do processo – professor e estudante – é essencial, pois sem ele não há o compartilhar, não há confiança, não há comprometimento e, mais importante, não há aprendizado.

Por meio de uma escuta atenta – não só com os ouvidos, mas com os olhos, bem como a preocupação de levar em conta o sujeito e seu ambiente – percebeu-se que crianças e adolescentes necessitavam expandir seus horizontes cotidianos, pois os moradores concebiam a comunidade de Heliópolis como algo apartado da cidade. Para eles, existia o que era de Heliópolis – o "aqui dentro" – e o que pertencia à sociedade – "o lá fora". Nas atividades culturais – uma das áreas de atuação do SESI-SP, além da Educação, do Esporte e da Qualidade de vida –, viu-se também uma forma de iniciar um trabalho de resgate do sentimento de pertencer ao município de São Paulo. Assim, já em 2008, com atividades organizadas intencionalmente antes e após visita à exposição As Coleções do Museu Nacional do Azulejo de Lisboa, na Galeria de Arte do SESI-SP, crianças e adolescentes viveram experiências marcantes. A programação do dia foi estendida ao Teatro Popular do SESI-SP, onde assistiram à peça *Convocadores de estrelas*. A esse trabalho pioneiro, seguiram-se outros importantes projetos, como a 29ª Bienal de Artes, a *Ópera das pedras* – espetáculo da Terra, da artista plástica Denise Milan, pois esses temas contemplaram não somente os propósitos didático-pedagógicos, mas também o social, o político e o cultural.

Ao longo dos anos, exposições de trabalhos, atividades culturais e visitas entraram na rotina dos alunos. Internamente, ao mesmo tempo, emergiram novos caminhos, como a realização de sequências didáticas que levaram a produções dos alunos, como a literatura de cordel, teatro de sombras e apresentação de um programa na Rádio Heliópolis.

Formação de educadores

O desenvolvimento profissional vivido pelos docentes do SESI-SP desde o período de implantação do programa gerou também reflexos importantes para a comunidade de Heliópolis.

Embora a ação dos professores do SESI-SP não esteja necessariamente vinculada às demais atividades desenvolvidas nos CCAs, houve rapidamente uma aproximação das equipes, o que consistiu num subproduto muito rico do projeto.

Professores do SESI-SP e educadores sociais passaram a ter um contato intenso, tanto nos momentos formais como em uma espécie de tutoria informal, para tratar de situações específicas de alunos ou para o desenvolvimento de novas atividades. Quando os educadores sociais sentem dificuldades específicas na condução das atividades não hesitam em procurar os professores do SESI-SP, que oferecem orientações técnicas, indicam leituras, reflexões e, muitas vezes, também dão exemplos de vida.

> A dimensão artística, que não estava inicialmente contemplada, ganhou progressivamente peso no trabalho, mostrando-se de incrível potencial.

Cabe lembrar que cada CCA possui um coordenador pedagógico contratado pela UNAS, que supervisiona o trabalho realizado pelos educadores sociais. É essa equipe articulada que dá unidade ao projeto pedagógico definido para cada um dos centros.

Esse é o papel desempenhado pela pedagoga Katia Regina de Lima Manoel, responsável pelo CCA PAM, onde o programa começou, em 2008. Se no início ela tinha dúvidas sobre como se daria essa articulação, logo percebeu a complementaridade do trabalho proposto pelo SESI-SP. "É um diferencial, pois sai do cotidiano, as atividades são muito mais lúdicas, têm todo um planejamento por trás. Vejo as crianças evoluírem muito", conta, em seu depoimento que pode ser encontrado no final desta publicação.

Diagnóstico e acompanhamento

Dentro da lógica de implantação do programa SESI-SP na Trilha dos Saberes, o processo de reconhecimento do espaço de atuação dos professores do SESI-SP passou pelo desenho de um diagnóstico pedagógico. Afinal, as decisões que embasam todo o planejamento pedagógico não podem ser tomadas com base em impressões ou teorias desconectadas da realidade. É preciso haver um esforço de acompanhamento do desenvolvimento dos sujeitos do processo. Assim, o programa implantado em Heliópolis incluiu levantamentos periódicos de informações sobre as crianças e os adolescentes, denominados sondagens exemplificados no final do livro.

Não se deve pensar as sondagens como avaliações acadêmicas padronizadas – o que requereria uma metodologia adequada, tratamentos estatísticos e procedimentos que permitissem a comparação. Até porque é tecnicamente difícil isolar fatores que interferem na aprendizagem, em especial em um contexto de alta vulnerabilidade social. Quanto uma criança aprende mais por se sentir mais autoconfiante? Quanto avança quando encontra em casa um ambiente menos agressivo? Quanto progride por encontrar um professor que conhece seu nome e suas circunstâncias pessoais? Como isso afeta seu desempenho na escola regular e quanto o avanço na escola regular impacta nos demais contextos educativos?

Por isso, o objetivo da sondagem não é tanto averiguar quanto uma criança avançou, mas principalmente descobrir o que é possível fazer por ela.

As sondagens revelam uma dimensão fundamental do trabalho educativo em ambientes críticos, o que envolve a compreensão do contexto social, familiar e físico. Dessas sondagens saem informações sobre questões pessoais, abusos, agressões, revoltas, crianças que não sabem sequer o dia de seu próprio aniversário. "Não há planejamento que dê certo sem ter essa compreensão", lembra-nos Carla Govêa.

O diagnóstico inicialmente projetado pressupunha ainda um segundo passo: subsidiar o diálogo com as escolas de origem dos alunos, o que aconteceu a partir do primeiro ano de implantação do programa. Afinal, para compreender os horizontes de possibilidades e os limites de um programa como esse, não se pode desvinculá-lo de um quadro mais amplo do sistema educacional brasileiro.

Heliópolis enfrenta um conjunto de situações que ainda se constituem em dificuldade para todo o sistema educacional brasileiro: o trabalho com as dificuldades de aprendizagem.

O Brasil possui uma das mais altas taxas de evasão e reprovação, entre todos os países do mundo. Segundo dados do Ministério da Educação, em 2011, 22,9% dos alunos do Ensino Fundamental e 32,8% dos alunos do Ensino Médio apresentavam defasagens idade-série, em função das altas taxas de fracasso escolar [1].

---

1 Fonte: MEC/INEP/DEED.

Muitos dos problemas que são vistos simplesmente como indisciplina, agressividade e violência são sintomas de uma escola na qual crianças e jovens não são reconhecidos em suas especificidades e que apenas perpetua um ciclo de fracasso.

O trabalho com esse perfil de aluno requer não apenas práticas pedagógicas diversificadas, mas a criação de um ambiente de ensino-aprendizagem inclusivo e acolhedor, que atenda crianças e adolescentes em diferentes âmbitos de sua existência, abrindo espaço para o lúdico, para a expressão de pensamentos e emoções e para a construção de um avanço lento, progressivo, que restitua a confiança na capacidade de aprender.

Ainda, cabe ressaltar a importância da troca permanente de informações com as escolas de origem dos alunos. Cada visita foi subsidiada por um relatório com nome e sobrenome dos alunos, de suas características e dificuldades. O objetivo era realizar uma soma de esforços tanto no tempo da escola regular como nas atividades complementares de aprendizagem.

Nesse esforço, foi possível amadurecer o trabalho. Em parte porque o relacionamento com as escolas de origem mostrou-se importante, e informações relevantes provieram desse contato. Em parte porque a nossa equipe teve a oportunidade de conhecer melhor o trabalho realizado e as dificuldades características de cada instituição.

Os contatos feitos serviram ainda como testemunho da preocupação individualizada que cada aluno precisa ter e que as escolas públicas, muitas vezes pela própria condição em que operam, não conseguem assegurar.

5

Hoje com 13 anos, a menina Jéssica Vizacre de Lira não sabia ler até 2011, quando chegou ao CCA Sacomã, tímida e resistente em participar de qualquer proposta. Não conversava com os colegas e acabava se sentindo excluída no grupo. Ninguém acreditaria que foi a mesma Jéssica que conversou com muito desembaraço com o então candidato a prefeito de São Paulo, Fernando Haddad, em uma de suas visitas a Heliópolis. É também a mesma Jéssica que chega à sala de aula com livros nas mãos, cujo desempenho melhorou tanto em sua escola de origem a ponto de surpreender seus professores, e que agora brinca com todos.

O caso de Jéssica – com sua história de vida desafiadora, assim como a de muitos de seus colegas – mostra as possibilidades do trabalho realizado em Heliópolis. Tudo era agravado pela dificuldade que encontrou nas escolas públicas da região pelas quais passou. Suas notas ficavam perto de zero. "Não sabia ler nem sabia escrever, me sentia muito mal. Escrevia tudo errado.

Histórias de transformação

Eu chorava. Nem meus irmãos ligavam pra mim", lembra, em seu depoimento, também na íntegra ao final desta publicação.

Mas era a sensação de não ser percebida pelos professores que tornava tudo ainda mais difícil para Jéssica. Com o trabalho desenvolvido pelo SESI-SP, as coisas começaram a mudar. "Com a professora Luana, do SESI-SP, fui de pouquinho em pouquinho aprendendo e depois comecei a ir bem rápido", lembra. Hoje, suas notas passaram para o extremo oposto, e ficam acima de 75% de aproveitamento. Jéssica gosta de Inglês, Matemática, Português, gosta de aprender. Sonha em ser policial e médica: policial para prender aqueles que cometem crimes; médica para salvar pessoas.

O reflexo aconteceu também em casa. Sua mãe, conta, ficou contente e seu relacionamento com a família e com os amigos melhorou. "Melhorou tudo 1.000%. Agora, todo mundo me trata bem. Antes eu recebia ajuda para fazer as atividades, agora sou eu quem os ajudo", conta, cheia de orgulho – e com toda a razão.

O caso de Jéssica é uma narrativa simbólica do processo de transformação vivido por boa parte das crianças e dos adolescentes que passam pelo projeto do SESI-SP em Heliópolis. Há muitos outros exemplos, como a da jovem Sara Kaly Santiago de Lima, que comemora a admissão em um curso técnico do SENAI. Assim como muitos de seus colegas, quando percebeu que não conseguia ler ou escrever em sua escola de origem, pensou que o problema só poderia ser seu. Sentia-se culpada e chorou de alegria e alívio quando sentiu que era capaz de aprender. "Aqui, não aprendi de um jeito diferente, mas me senti cuidada", conta. Hoje credita seu sucesso à professora Luana, da equipe do SESI-SP, com quem estudou, e sonha em cursar faculdade e entrar na Marinha, para conhecer outros países.

"Eu não sei se o SESI-SP tem ideia de quanto contribuiu para o desenvolvimento de Heliópolis", avalia Cleide, ao dimensionar o tamanho do impacto causado pela proposta, ao longo dos últimos anos. "As crianças estão melhorando muito. A aprendizagem nos projetos avança. Há agora uma cultura de escuta das crianças", resume.

A percepção comum aos que acompanham o desenvolvimento do projeto é a de que há uma transformação. "As crianças realmente aprendem e saem do programa com expectativas de futuro. Deixam de ser agressivas, abandonam o sentimento de que são incapazes. São pessoas importantes e sabem disso", conclui Genésia.

O fato é que, se começou como um projeto de apoio escolar, logo o desenvolvimento da proposta levou para novos caminhos. Não se trata apenas de um trabalho de recuperar conteúdos e dar "aulas de reforço", mas também de oferecer para crianças e adolescentes um ambiente socialmente inclusivo, compreensivo, acolhedor, que favoreça o crescimento pessoal, a autoconfiança e a autoestima, fundamentais para o sucesso de qualquer aluno.

Para os pesquisadores em Educação, é um fato conhecido que as expectativas determinam, em grande parte, as possibilidades de sucesso escolar. Ambientes em que não há confiança na aprendizagem favorecem a exclusão, gerando um ciclo que se perpetuará ao longo de toda a vida.

Na comunidade de Heliópolis, o SESI-SP ajudou a disseminar um princípio transformador: a confiança na capacidade que todos temos de mudar. Isso se deu através de um relacionamento comprometido e um ambiente acolhedor.

A história de implantação do Programa SESI-SP na Trilha dos Saberes não é a aplicação de uma cartilha de procedimentos. Trata-se de um percurso que inclui ouvir e reconhecer as demandas sociais; partir de um desenho de trabalho pedagógico coerente e flexível, com um arcabouço conceitual claro; estruturar uma equipe pedagógica permanente, atenta às questões específicas do contexto de atuação.

Como se chega a esse resultado? Quem pode responder melhor a isso são os personagens diretamente implicados no programa. São professores, educadores sociais, alunos e lideranças da comunidade que deixam sua visão do processo – e subsidiam, assim, este relato de um projeto de características únicas.

Os depoimentos podem ser lidos na íntegra ao final deste livro. Agora, depois dessa apresentação tão detalhada quanto possível – mas dentro dos limites de comunicação da proposta para um público bastante diversificado –, é importante consolidar as lições iniciais do que começou como um projeto e hoje se configura como um programa dentro desta instituição.

Afinal, é essa caminhada que subsidiará novas iniciativas do SESI-SP, de outras organizações empresariais, de instituições educativas e de todos os que assumirem para si o desafio de ampliar as oportunidades educacionais para crianças e jovens.

Talvez essa seja, de início, uma das lições desse projeto: o desafio de mudar a Educação não é apenas de governo, de gestores, de professores – é de toda a sociedade brasileira. Como revela a sua história, o SESI-SP mostrou que está disposto a contribuir, a fazer a sua parte e a participar ativamente dessa história de transformação.

6

Possíveis conclusões? Sim, o título deste capítulo traz, em si, a semente da indagação. Afinal, há muitas reflexões que podem se originar de um projeto que se iniciou em Heliópolis e se transformou em um programa do SESI-SP. Talvez possamos falar sobre aprendizagens – de todos, dos gestores e das equipes do SESI-SP e, principalmente, das crianças e dos adolescentes. Cada ator cresceu nesse processo, ao longo dos últimos anos. Foi plantada uma semente, que inevitavelmente frutificará.

Faz parte de nossos planos que novos projetos floresçam a partir dos mesmos desafios encontrados pelo SESI-SP em Heliópolis ou por outras instituições, em outras comunidades e contextos sociais.

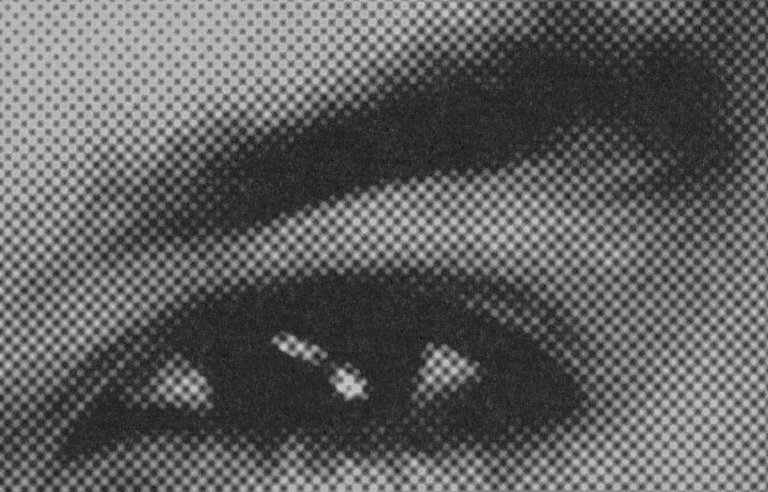

Possíveis conclusões

Será útil, então, olhar atentamente para o que aprendemos. Talvez ainda não seja o caso de falar em uma metodologia fechada. O SESI-SP construiu, sim, um projeto bem desenhado, que se alimentou do repertório institucional e de fontes teóricas contemporâneas e reconhecidas. Mas trata-se de um quadro flexível de referências, às quais outras contribuições podem vir a ser incorporadas, novos processos, enfim, um conjunto de propostas, perspectivas e materiais. Há questões em aberto, sem dúvida, como a própria avaliação do desenvolvimento das crianças e dos jovens ou mesmo o desenvolvimento de recursos específicos – tudo será tratado a seu tempo.

Isso não nos impede de compartilhar um conjunto de princípios que reputamos essenciais em nossas futuras ações, que podem ser assim resumidos:

1. Ouvir a comunidade. Todo projeto educativo sólido não é uma intervenção de fora para dentro, mas um diálogo em que todas as partes aportam suas experiências, expectativas, receios, ideias. Um projeto educativo precisa ser construído sob a égide da corresponsabilização, ou será naturalmente enfraquecido em suas bases.

2. Contudo, o envolvimento da comunidade não é um ato espontâneo e de boa vontade, apenas. Requer reuniões sistemáticas, observações e discussões devidamente registradas que constituam um verdadeiro pacto, um conjunto de compromissos mutuamente assumidos e conhecidos por todos.

3. O ouvir a comunidade também pressupõe o reconhecimento da ação de instituições e pessoas. Nesse sentido, é importante a autonomia da equipe local (coordenador e professores) para a tomada de decisões e de providências cotidianas para garantir a efetiva materialização de um projeto educativo.

4. O projeto educativo precisa ter referenciais pedagógicos claros e conhecidos. O discurso pedagógico vem se tornando cada vez mais complexo, e por isso as ações de formação precisam ser constantes e prever os diferentes níveis de públicos: professores, agentes da comunidade, pais. Em um contexto em que a educação passa por tantas mudanças, questões que são estratégicas para o sucesso de um projeto educativo precisam ser compreendidas, como é o caso da avaliação, do trabalho por projetos, entre outras. Afinal, a escola em que os adultos de hoje estudaram no passado não pode mais servir de modelo pedagógico em uma sociedade tão radicalmente transformada pelo conhecimento.

5. Todo projeto educativo deve conter, em si, os instrumentos pelos quais precisa ser avaliado. Há que se ter objetivos bem definidos, que orientem as ações educativas. Toda avaliação é dinâmica, o que requer que os instrumentos sejam constantemente revistos e aprimorados.

6. A escola não pode ser a única referência de trabalho educativo. O bairro, o mundo em que as crianças vivem, deve fazer parte de seu ambiente de aprendizagem. O modelo de ensino das escolas formais regulares vem sendo questionado e encontra grande resistência entre os alunos. É preciso oferecer às crianças e aos adolescentes a oportunidade de aprender por outros caminhos, com estratégias diversificadas e múltiplas linguagens, de forma que cada um possa encontrar as rotas de aprendizagem com as quais mais se identifique.

7. Isso tem a ver com outro passo fundamental: resgatar o prazer da aprendizagem. As estratégias precisam colocar alunos diante de um tema central: o significado do conhecimento. A escola que não consegue mostrar aos estudantes o sentido de aprender terá chances diminuídas de sucesso. Crianças e adolescentes precisam ser desafiados, provocados, conquistados para o prazer de criar, descobrir, aprender. Daí a importância de estratégias como a de resolução de problemas e dos projetos interdisciplinares.

8. Resgatar a autoestima. Independentemente da classe social e do contexto, um projeto educativo não formal deve olhar para o conjunto das circunstâncias do aluno. Muitas vezes, os impedimentos estão nos sentimentos de fracasso e de impotência vivenciados no contexto familiar e reforçados por um sistema de ensino claramente incapaz de lidar com as desigualdades, como é o brasileiro. Todo aluno pensa que a principal razão para não aprender está em sua própria incompetência – e por vezes a escola reforça esse sentimento, que é mais do que injusto: é cientificamente insustentável.

9. Foco nas linguagens. O trabalho sobre as linguagens é estruturante, e pode impedir ou catalisar todas as aprendizagens posteriores. A grande missão da escola (formal ou informal) é dotar os alunos das competências linguísticas, seja no que tange às letras, seja no que se refere aos números. Isso não significa "dar mais aulas", mas abrir mais oportunidades de expressão, com estratégias que estimulem o estudante a perceber a diferença entre a oralidade e a escrita, os registros da língua mais adequados para cada situação comunicativa e a importância de se apropriarem da linguagem. Isso vale também para a Matemática, que não é apenas um aprendizado de fórmulas e números, mas a construção de ideias e conceitos lógicos, que precisam ser desenvolvidos e ter pertinência com a vida.

10. Por fim, não se pode esquecer que uma criança ou um adolescente é um ser humano integral: precisa das artes e da cultura como formas de construir sua identidade, resgatar-se num mundo que é violento de muitas maneiras, inclusive do ponto de vista simbólico. Um projeto educativo completo inclui a arte e a cultura em seu dia a dia, não para distrair ou oferecer somente formas de lazer, mas para dar conta da incomensurável capacidade expressiva do ser humano, com todas as consequências possíveis para o seu pleno desenvolvimento.

Esses são alguns princípios. Poderiam ser elencados outros. Mas, em vez disso, podemos encerrar a lista com uma característica fundamental: a flexibilidade. Nenhum projeto pode ser rígido a ponto de ser incapaz de incorporar a imprevisibilidade do mundo em que vivemos. Há novas tecnologias, hábitos e tendências; há novas ideias e propostas; há novos conhecimentos sendo gerados no dia a dia.

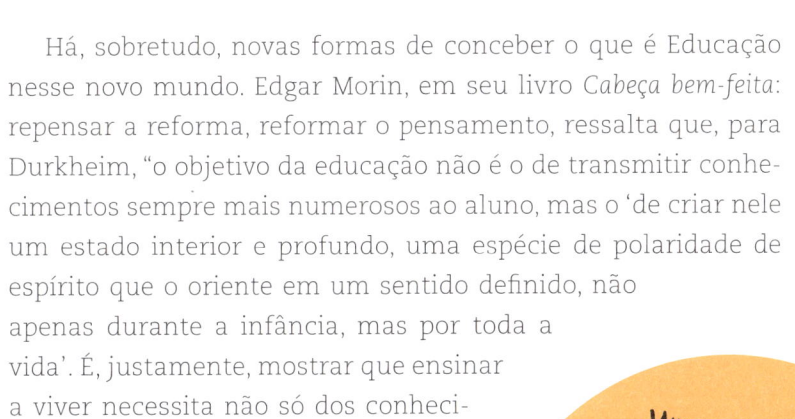

Há, sobretudo, novas formas de conceber o que é Educação nesse novo mundo. Edgar Morin, em seu livro *Cabeça bem-feita: repensar a reforma, reformar o pensamento*, ressalta que, para Durkheim, "o objetivo da educação não é o de transmitir conhecimentos sempre mais numerosos ao aluno, mas o 'de criar nele um estado interior e profundo, uma espécie de polaridade de espírito que o oriente em um sentido definido, não apenas durante a infância, mas por toda a vida'. É, justamente, mostrar que ensinar a viver necessita não só dos conhecimentos, mas também da transformação, em seu próprio ser mental, do conhecimento adquirido em sapiência e da incorporação dessa sapiência para toda a vida".

> Uma criança ou um adolescente é um ser humano integral: precisa das artes e da cultura como formas de construir sua identidade, resgatar-se num mundo que é violento de muitas maneiras, inclusive do ponto de vista simbólico.

7

Depoimentos

Olhar dos profissionais

Para diminuir a violência, o caminho é a educação

Genésia Ferreira da Silva Miranda,
fundadora da UNAS

Quando começamos, não tínhamos muito clara a questão da importância da educação, ou seja, o quanto as nossas crianças eram prejudicadas pela falta de oportunidade de receber um ensino de qualidade. A violência era grande e muitos jovens morriam, principalmente no fim da década de 1980 e no começo dos anos 1990. Pensávamos que precisávamos combater a violência, mas não sabíamos como. Era um período de grande preocupação e de muita responsabilidade. Mas há 15 anos começamos a discutir o tema com o diretor Braz Nogueira, que chegou como diretor da Escola Municipal Campos Salles. Foi então que começou esse processo. Conseguimos entender que para diminuir a violência, o caminho era a educação.

Começamos a procurar parceiros, mostrando para todos que aqueles meninos e meninas que viviam na violência eram um problema de todos e não apenas de Heliópolis.

Primeiro, procuramos as escolas, mas sentimos muita dificuldade em ser ouvidos – e até hoje é assim. Depois, fizemos parcerias com organizações para a formação de educadores, como o Avisa Lá e o Cenpec. Com as parcerias e o apoio de muitas pessoas, o povo de Helió-

Genésia

polis percebeu que não estava só e os próprios agentes do crime pararam de nos perseguir.

Nesse momento, chegou um parceiro estratégico, que é o SESI-SP, trabalhando diretamente com as crianças e, indiretamente, com suas famílias.

Quando fomos em busca da parceria com o SESI-SP, uma das nossas maiores angústias era ver crianças que chegavam ao fim do Ensino Fundamental II sem saber ler. Eram agressivas, mas sabíamos que estavam reagindo, pois era sua forma de tentar se colocar, e estavam angustiadas, também.

A comunidade ouvia falar da qualidade do SESI-SP, mas não acreditava que um dia o SESI-SP poderia vir a fazer parte da vida delas. E todos tomaram um susto: "o SESI-SP vai vir trabalhar com nossas crianças?". Para esse povo, que se sentia abandonado, o fato de o SESI-SP vir para a comunidade mostrou que também era importante. Isso melhorou a autoestima não apenas das crianças, mas da própria comunidade.

No primeiro momento, tínhamos medo que o SESI-SP viesse com professores bem tradicionais, com propostas prontas. Queríamos estar juntos. Era preciso encontrar pessoas que entendessem da comunidade, compartilhassem a nossa visão, que estivessem abertas para escutar, para construir algo diferente. Se queremos formar seres humanos capazes de criar, buscar, pessoas talentosas – e há tantas pessoas assim, aqui – precisamos ter respeito pelas pessoas. Foi quando veio a Carla Govêa e a Zezé (Maria José Castaldi).

Eu não sei se o SESI-SP tem a exata compreensão de quanto contribuiu com Heliópolis. As crianças estão melhorando muito.

A aprendizagem avança. Quando os levantamentos são feitos, vemos nossos alunos aprendendo. Os professores são muito habilidosos. Trabalham muito bem, escutam as crianças. Uma por uma, das 780 que atendemos.

Isso é mais do que uma questão técnica. Basta ver que, quando fazemos as sondagens para receber as crianças, surgem muitas questões pessoais, como abusos, agressões, lares desfeitos, crianças que não sabem sequer a data do aniversário. Para educá-las, é preciso muita habilidade. Se fosse apenas o olhar técnico, ensinaríamos apenas escrita, leitura, e o lado humano ficaria esquecido.

Hoje, nossos meninos e meninas saem do CCA com grandes expectativas de futuro. Deixam de ser agressivos, abandonam a ideia que tinham de que eram burros. As crianças aprendem realmente. Elas fazem interpretação de texto. Isso é fundamental nessa fase. Principalmente, aprendem a gostar de estudar e ter prazer em trabalhar pela própria aprendizagem.

O SESI-SP é bem-vindo aqui

João Miranda Neto, fundador da UNAS

Vim para esse terreno, nos anos 1980, para sair do aluguel. Mas começamos a "ser gente" aqui. Ser gente significa exercer a própria cidadania, acreditar nos próprios sonhos – e a ter sonhos para toda a comunidade.

Afinal, um projeto habitacional é mais do que ter lugar para morar. Não é porque somos pobres que tudo o mais tem de ficar igual. Precisamos ser tratados como seres humanos, e isso não é ideologia. Todos temos os mesmos direitos, independentemente da classe social.

Nós também queremos acabar com as favelas – quem mora no córrego não quer morar lá. Mas não de qualquer jeito. Queremos fazer parte da cidade, como todo mundo. Essa é nossa luta: fazer parte.

Isso tem a ver com educação. Por que nossas crianças não aprendem corretamente o Português nas escolas públicas? A educação boa não é para nós? Essa é uma forma mesquinha de preconceito. Pagamos impostos também e nossos impostos ajudam a manter universidades públicas como a USP. Por que nossos filhos não têm direito de estudar lá e em outras grandes escolas? O ensino de qualidade tem de ser universal.

Hoje nossa prioridade é a educação. Foi assim que chegamos no SESI-SP. Se tivermos boa educação, teremos mais clara a consciência sobre os nossos direitos. Além disso, educação é prevenção para tudo. E conhecimento ninguém tira da gente.

Foi assim que chegamos a conversar com o SESI-SP. Estávamos discutindo como os empresários poderiam ajudar. Aí veio a iluminação: temos de discutir o que está doendo dentro da gente. Nossas crianças estão na escola e não estão conseguindo aprender.

O desenvolvimento das crianças não tem preço. O SESI-SP veio para promover a aprendizagem. Pode parecer pesado, mas não é. Pesado é não conseguir desenvolver algo para o futuro dessas gerações.

A questão é que as crianças não têm problema; quem tem problema são os adultos. Quanto mais agressivas são as crianças e os jovens, mas responsabilidade temos nós.

Quando vou fazer visita nas casas, percebo isso. Vou tomar um café e aí estamos observando o ambiente das casas e levantamos informações, que são importantes pedagogicamente também, pois o papel dos pais é fundamental. Quanto mais entro no campo da educação, mais vejo como é complexo e como pode ser sempre melhor.

A cada ano, nossa parceria com o SESI-SP está crescendo. O grupo amadurece, há um salto de qualidade. No começo tivemos as dificuldades naturais do encontro de valores da comunidade e da cultura local, mas com planejamento tudo melhorou. Acreditamos muito nessa proposta, está indo muito bem. O SESI-SP é bem-vindo aqui.

Aqui é trabalho, não é oba-oba

Rosélia Maria Pereira Vioto, professora do SESI-SP e pedagoga

Vejo que a equipe do SESI-SP em Heliópolis é formada por professores experientes, que entendem as especificidades do trabalho social. Esse que é o ponto fundamental: como é trabalhar com as crianças que vivem essa vulnerabilidade? Não se trata só do aprendizado, mas de todas as condições psicológicas envolvidas, como a precariedade das relações familiares, o álcool, a violência em muitos casos.

Trocamos muitas informações com toda a equipe do CCA, e assim temos um olhar global do desenvolvimento das crianças e dos adolescentes. Podemos, também, apoiar os educadores sobre como enfrentar questões específicas. É um clima de colaboração. Todos sabem o que ambos fazem e conseguimos fazer um trabalho muito integrado.

O que resulta do nosso trabalho é um carinho muito grande, mas que vai sendo construído. No início, é difícil. Várias vezes tive

Rosélia

de separar brigas, há muita agressividade, especialmente entre os adolescentes. Mas aos poucos mostramos que não podiam se tratar assim. Há um trabalho de princípios e valores importantes. Não adianta bater de frente, impor comportamentos – isso as escolas em que estudam já fazem. Claro, tem crianças e adolescentes que requerem mais tempo, mas sempre chegamos a um bom termo. Com eles, sempre usei a regra: o que não quero pra mim, não quero para o outro.

As conquistas que vejo na aprendizagem são claras. Muitos vêm para cá ainda com as marcas da oralidade, mas logo começam a pensar antes de escrever e percebem as diferenças de registro. Na Matemática, temos de trabalhar muito as quatro operações, especialmente a multiplicação e a divisão. Vemos que eles não querem usar o raciocínio, só são estimulados na escola a copiar, copiar. E isso não fazemos aqui. Então, eles reclamavam que eu não "dou aula" como na escola. Queriam que eu colocasse coisas na lousa para copiar. Ao que eu respondia: vocês precisam sair da zona de conforto e pensar!

No dia a dia, trabalhamos muito com jogos de raciocínio, brincadeiras, e faço com que todos trabalhem em grupos, que chamamos de agrupamentos produtivos. Tudo é muito dinâmico, pois não pode se parecer com aulas convencionais. Aprendem tabuada com bingo, fazem adivinhas, coleções, tudo me serve para elaborar novas estratégias. Há muita Matemática nos rótulos das embalagens, por exemplo.

Tentamos desconstruir o que estão trazendo e mostrar que há outras formas de pensar. Um dia eu perguntei: para que serve a Matemática? Eles me responderam: para fazer contas. Hoje sabem que é para a vida, para ler a conta da água, para fazer orçamentos, para reivindicar direitos.

É um trabalho individualizado, mas não é simples. Um dia recebi um adolescente com hipótese de escrita pré-silábica, mas já com 12 anos, e tento atender a diferentes necessidades. Comecei a conversar com ele antes do horário do almoço e uma vez vi que ele estava agoniado. Sabia que ele apanhava muito em casa. Perguntei discretamente por que ele estava assim e ele me respondeu, baixinho, no ouvido: é que eu não sei ler. Abracei-o e choramos juntos. Eu disse a ele: estou aqui, vou ajudar você. Ele se empenhou, se empenhou e já está lendo, orgulhoso.

Por isso, trabalho muito com o querer com meus alunos: querer mudar, querer aprender, e eles demonstram alegria em conseguir. Tudo depende deles. Mas aqui, digo, não é oba-oba, é trabalho.

Eles querem aprender e participar

Nely Miwa Ishii Tavares e Marcia Bandouk Santos, professoras do SESI-SP

Muitas pessoas falam das carências das crianças que moram em comunidades como Heliópolis, mas se esquecem de falar das fortalezas. As crianças que atendemos aqui muitas vezes são mais maduras e responsáveis do que crianças de classe média. Cuidam de irmãos, as coisas acontecem mais cedo para eles. Eles querem fazer, gostam da autonomia.

Há um algo mais nesse trabalho que é o amor. Estamos aqui aprendendo todos os dias. Sim, há questões de contexto social, mas criança é criança

em qualquer lugar. As diferenças acontecem em outro plano, como os hábitos de convivência. As dificuldades de aprendizagem, também, muitas vezes originam-se em casa, pois muitas vezes são filhos de analfabetos, entre muitas outras limitações.

Outra questão é que essas crianças não conseguem ter atenção nas escolas de origem, o que é compreensível, muitas vezes pelas salas de aula lotadas e pelas condições em que esses professores trabalham. Mas as dificuldades vão ficando, sem um olhar mais individualizado.

Temos um planejamento detalhado, mas não é fixo. Muitas vezes, o debate está bom e a aula fica no diálogo. Provocamos a participação, fazemos muita roda de conversa, pois nessa hora vemos o que eles sabem ou não. Conforme as dificuldades de cada um, orientamos o trabalho. Colocamos um que sabe em dupla com o que não sabe, montamos grupos com muita diversidade.

Uma questão importante é que o fato de saberem algo faz com que se retraiam, pois se sentem constrangidos. Um dia, um adolescente que tem uma voz grossa começou a ler e à medida que sentia dificuldade sua voz foi ficando fina... e é assim que eles se sentem. Mas ele queria mesmo ler, e fui estimulando, ofereci textos mais simples para que lesse. E assim avançamos. Quando eles descobrem que também têm capacidade de aprender, querem participar e aprender.

A palavra-chave é diversidade

Mara Yoshie Tokuyochi e Rosyris Maria Inhauser,
professoras do SESI-SP

Há uma especificidade grande no trabalho realizado pelo SESI-SP em Heliópolis. Aqui, podemos mostrar às crianças e aos adolescentes como a educação pode mudar a vida deles, da família, do entorno. A escola formal é muito focada apenas no currículo, e perde essa dimensão da realidade social. Há uma diferença grande entre escolarização e educação. Aqui, falamos de educação; isso envolve valores, cultura.

Muitas vezes, trabalhamos com dificuldades que não se resolvem pela pedagogia, pois vêm de outras faces da vida da criança e da família.

A palavra-chave é a diversidade. Cada um vem com sua bagagem cultural, com suas vivências e, desde o primeiro momento, tentamos não padronizar. Esse é o grande segredo. A maneira como eles se relacionam com os outros, com os colegas, tudo isso é muito particular. São indivíduos que precisam de atenção distinta.

Se formos tratá-los como iguais e dizer "sabemos o que vocês sabem e não sabem", taxá-los de vulneráveis e pronto, não vamos a lugar nenhum. Eles precisam ser enxergados e respeitados como o que são de fato, isso faz muita diferença para a autoestima deles.

Sempre tendemos a pensar em como gostaríamos que eles fossem, mas isso é uma forma de colonização. Não podemos desconsiderar o que eles já são, o que sabem. Não quero que deixem de fazer o que

Mara

fazem, ouvir as músicas que ouvem, mas eles têm o direito de conhecer, de ter acesso a outras coisas. Na escola isso também vale. Isso é aprender a respeitar.

Eles têm muitas possibilidades, potencialidades. Outro dia, ainda, ouvi uma menina de 10 anos falando sobre o orçamento doméstico, porque ia cortar a TV a cabo, despesas, salários, mostrou que entendia tudo o que custava para se manter uma casa – demonstrou capacidade de olhar a situação globalmente, perceber o que dá e o que não dá. Alguns têm capacidades incríveis para o desenho, outros para se expressar oralmente. Fazem leituras incríveis do mundo. E pensamos: o que eles poderiam fazer com seus talentos!

O desafiador é que não estamos aqui para ensinar da mesma forma que na escola. Ele tem de vir aqui para entender o que viu na escola, pensando na vida que leva. Tiramos o mistério das coisas. Perguntamos: por quê? Por isso, eles fazem muita pesquisa, têm de ir atrás.

As atividades atendem a essa diversidade. No ano passado, fizemos uma rodada de degustação com marcas de biscoito, um teste às cegas, sem que vissem a embalagem. Foi uma forma de perceberem a relação da propaganda com o produto, as informações na embalagem, entre outras formas. Eles amaram a proposta. Em outra, trouxemos letras de funk para que fizessem uma paródia, escrevendo sobre o tema da reciclagem. Trabalhamos rimas, quadras, sílabas, e no final todos escreveram e cantaram.

O material do SESI-SP entra sempre quando precisa, pois é muito aberto e funciona muito bem como apoio. Os livros do professor, por sua vez, trazem muitas orientações e são sempre muito utilizados, no planejamento e no dia a dia.

Talentos não podem ser desperdiçados

Luana Etelvina de Abreu e Nadja Kamila Palamede Rafael,
professoras do SESI-SP

Há diferenças mesmo entre cada um dos CCAs de Heliópolis. A comunidade tem suas características internas, os grupos variam. Crianças e adolescentes nos veem como amigos, ao final. Contam tudo o que acontece na escola, em casa, e às vezes é difícil saber das coisas que se passam com eles.

Essas crianças e jovens se ressentem muito da impessoalidade com que são tratados, dos professores que não conhecem o seu nome. Ficam muito felizes quando a gente sabe o nome deles e demonstram isso até mesmo na sondagem.

Eles ainda trazem as regras da escola, querem saber qual é a nota. Mas aqui não existe isso. Todas as correções são feitas com eles, não fazemos chamadas por número, só por nome.

Com isso, são criados vínculos que duram até mesmo quando precisam deixar o CCA por atingir o limite de 14 anos. No início, nós professores temos de cuidar do vínculo. Ao longo do tempo, eles começam a cuidar.

Nós ainda sofremos muito com a competição exercida pelo tráfico. Os meninos são convidados o tempo todo e nos tornamos conselheiros,

Nadja

insistimos para que não cedam. Ligamos para a Carla para chorar porque um aluno foi preso, outro está se drogando... Nos apegamos demais e sabemos que estamos interferindo de verdade na vida dessas crianças e jovens. Eles muitas vezes chegam aqui sem autoestima e sem perspectiva. Nós vamos encorajando e eles vão crescendo. Vamos mostrando como eles são importantes! Vemos grandes potenciais passarem por aqui, e sabemos que precisariam de apoio. Que desperdício!

As formações em serviço que temos aqui são muito boas. Estamos, toda a equipe, sempre tentando melhorar.

Os alunos dão valor a tudo o que oferecemos

Vanderlise de Andrade, professora do SESI-SP e pedagoga

Vim de uma escola particular da Aclimação, trabalhei lá até janeiro de 2010. Em fevereiro, estava no SESI-SP.

Quando cheguei aqui, era tudo novo para mim. Fiquei assustada quando soube que era Heliópolis. Hoje, não quero sair de jeito nenhum e não quero voltar para a escola particular, de onde eu vim.

É um trabalho muito gratificante. Na rede privada, os alunos chegam muito prontos, têm acesso à informação, viajaram. Aqui os alunos dão valor para tudo, todo detalhe faz diferença.

Há uma grande diferença educativa, que marca a forma como o programa se desenvolve. Aqui, começamos por resgatar a cultura das crianças, as suas vivências. Não trabalhamos os conteúdos, mas principalmente o porquê de aprender.

No começo, foi mais difícil, porque os alunos achavam que nosso trabalho poderia ser igual ao das escolas de origem. Quando viram que se tratava de uma dinâmica muito diferente, deixaram de resistir e hoje gostam muito, como protagonistas que são.

Minha missão é fazer com que aprendam, e isso leva em conta aspectos de sua escolaridade, mas também de todas as circunstâncias de sua vida pessoal. É preciso resgatar a autoestima. Por isso, criam vínculos muito fortes, e eles nos respeitam sem que seja preciso a autoridade da nota. Aqui, ninguém recebe nota, e o prêmio é participar e aprender. E eles entregam o que pedimos mesmo assim, porque querem fazer.

Há planejamento, há seriedade no que se faz

Katia Regina de Lima Manoel,
coordenadora pedagógica da UNAS

Desde 2008 atuo como coordenadora pedagógica. Até então, essa função não existia, eram os gestores que faziam a função. Fazemos todo o acompanhamento pedagógico dos educadores sociais da UNAS, desde o planejamento pedagógico até o trabalho com as crianças.

Quando eu entrei, o SESI-SP já tinha parceria há quatro meses. Era recém-formada, não tinha tido a oportunidade de trabalhar nessa área, e tinha dúvidas sobre como era a parceria. Falava-se muito em reforço escolar. Com o tempo, tive a oportunidade de saber mais a fundo sobre o objetivo do SESI-SP. Depois de cinco anos, vejo como é importante essa complementação.

É um diferencial, sai do cotidiano, as atividades são muito mais lúdicas, têm todo um planejamento. Há crianças que não sabiam sequer escrever o nome, com 10 anos. Evoluíram muito com essa complementação. Há planejamento, há seriedade no que se faz.

Vejo que os professores do SESI-SP são experientes, entendem o trabalho social. Esse que é o ponto fundamental: trabalhar com as crianças que vivem essa vulnerabilidade. Não mexe só com o aprendizado, mas com a vida psicológica do aluno.

No meu CCA existem 180 crianças, alguns em situação de muita vulnerabilidade. Algumas dizem: na minha escola, eu não tenho essa atenção que eu tenho aqui, não consigo nem tirar dúvidas.

Nunca houve problema de integração. Há um clima de colaboração. Todos sabem o que ambos fazem. Ninguém faz nada escondido. É uma relação mútua. Não fugimos do planejamento do SESI-SP, fazemos tudo juntos.

A escola como um dever da sociedade

Braz Rodrigues Nogueira, diretor da Escola Municipal Campos Salles

Eu me lembro bem de quando o SESI-SP chegou e vi uma possibilidade muito grande, mesmo sabendo das dificuldades: seria uma forma de influenciar todas as escolas, já que as crianças e os adolescentes atendidos nos CCAs estudam nas escolas de toda a região. Era uma forma de integrar escolas da região via comunidade.

O desenvolvimento da proposta permitiu uma troca de informações muito positiva. Pensamos juntos a educação em Heliópolis. Além disso, o projeto incluiu, em seus primeiros anos, a troca de informações sobre alunos, o que ainda acontece entre as equipes do SESI-SP e a direção da Escola Municipal Campos Salles, que se tornou a principal referência em educação pública na região.

Para mim, dentro da proposta do bairro educador, é fundamental que outras instituições estejam presentes ajudando na transformação de Heliópolis. E o SESI é um grande parceiro na medida em que vem ajudar a transformar.

Um elemento-chave na proposta é o apoio dado aos alunos. Muitas crianças não avançam na escola porque carregam outros problemas, que afetam sua autoestima e criam estigmas de fracasso. O trabalho do SESI-SP fortaleceu a comunidade pela efetivação dos direitos, reforçando políticas públicas que atendem todas as necessidades das crianças e dos jovens.

O papel de todos nós é levar as crianças e os adolescentes a sonharem coisas melhores e a acreditarem em seus sonhos. Precisamos fazer isso com toda a Heliópolis.

O olhar para cada estudante

Marisvaldo

Mara Yoshie Tokuyochi, professora do SESI-SP

Lembro-me bem do educando Marisvaldo, que à época tinha 13 anos, e em sua primeira sondagem, observei falhas no processo de sua alfabetização, além de visivelmente perceber seu texto aglutinado e quase indecifrável.

À medida que frequentava as oficinas do SESI-SP, percebia os seus avanços. A primeira observação se deu numa atividade de reescrita em que ele questionava o tempo todo a respeito da escrita das palavras e de sua regularidade. Antes, ele sequer perguntava. Escrevia e entregava no final da atividade.

Aos poucos, fui incluindo atividades que o ajudassem a superar o problema da fragmentação das palavras. Curiosamente, conforme adquiria confiança no seu percurso de aprendizagem, suas produções textuais tornaram-se cada vez mais legíveis e compreensíveis, tanto do ponto de vista estético quanto em unidade de sentido.

Ao final do ano, Marisvaldo relatou a mim sua vontade e um grande sonho: "escrever um livro e aparecer no jornal". Fui para casa pensando na grandiosidade de sua fala e no desafio de ajudá-lo a tornar o sonho realidade. Tempos depois, fui informada de que retornaria para sua antiga cidade, no estado do Piauí. Infelizmente, o tempo ditou suas regras e acredito apenas que levou consigo a vontade. Ainda espero, em alguma altura da vida, encontrar alguma obra do escritor Marisvaldo.

Edson

Nely Miwa Ishii Tavares, professora do SESI-SP

Em 2010 iniciei meu trabalho em Heliópolis. As dificuldades apresentadas pelas crianças e adolescentes eram assustadoras: adolescentes que não sabiam ler, nem escrever nem realizar cálculos simples, como uma conta de adição!

Foi assim que conheci o Edson, um menino tímido, de voz grossa, de fala abafada. Aos 10 anos, mal sabia escrever seu nome e falar todo o alfabeto.

Iniciar um trabalho com ele foi muito difícil. Apesar do trabalho individualizado, resgatando sua autoestima, tinha dias em que era preciso começar do zero, conquistar dia a dia sua confiança e, ao mesmo tempo, mostrar o quanto ele era capaz.

Aos poucos, Edson foi percebendo que ele também podia, que também era capaz! A cada acerto, eu mostrava isso a ele. Quando ele aprendeu a ler, fez questão de realizar a leitura diária. Com certa dificuldade, superou sua timidez, e leu, leu, leu... leu todo o texto! Era uma poesia cheia de rimas.

Assim também foi durante as aulas de Matemática. Utilizava muitas estratégias com ele e uma delas era o Material Dourado. Assim, com o lúdico, o aprendizado, além de prazeroso, foi concreto.

No final, minhas palavras a ele foram: "Você conseguiu! Se você não quisesse, não haveria aprendizado! Edson, parabéns pela sua força de vontade!".

Foi muito gratificante. O meu papel como professora não foi apenas o de ensinar. Foi mostrar ao Edson o quanto era importante para ele aprender e o quanto ele tinha (e tem) potencial para tal. Foi ter um olhar diferenciado, individualizado e humanizado para ele, entendendo suas dificuldades, suas necessidades e suas habilidades.

Nicolas

Rosângela Freires da Silva, professora do SESI-SP

Nesses pouco mais de três meses de trabalho em Heliópolis, conheci pequenos cidadãos (na idade), mas de uma grandiosidade que me proporciona diariamente um conhecimento não "ensinado" na academia. Percebo o quanto essa troca de experiência enriquece nossas vidas!

Nicolas é um educando que nos primeiros dias me chamava de "tia", e, para escrever tanto números quanto letras, fechava o semblante, por não saber diferenciar um do outro. Ao longo do processo, foi descobrindo o prazer em aprender...

Em uma aula de Matemática, me chamou atenção sua felicidade ao jogar os dados e contar quantos pontos fez, ultrapassando e ganhando do colega, logo pegou sua folha para realizar o registro:

– Prô? Como é o 22? É assim? Olha aqui!

Eu me aproximei e confirmei com a cabeça. Nicolas todo feliz riu e comparou com a quantidade do colega...

Ao lembrar toda sua resistência nas primeiras atividades, o comportamento com os colegas, entre outras situações, senti – acredito eu – a mesma felicidade que ele, pois ele descobriu-se capaz e satisfeito em contar sozinho e registrar sua vitória e eu, por presenciar e compartilhar da sua conquista.

O olhar dos estudantes

Nossa, como você ficou inteligente!

Jéssica Vizacre de Lira

Última filha mulher de uma família de cinco irmãos, Jéssica Vizacre de Lira teve uma vida, em diversos aspectos, semelhante à de muitas crianças atendidas nas salas de aula do SESI-SP. Filha de uma trabalhadora doméstica, foi afastada do convívio do pai e, desde cedo, divide-se entre a escola e os cuidados com a casa e com os irmãos.

Sua chegada à escola regular foi marcada por um impacto negativo. Sentiu dificuldades em se alfabetizar e as defasagens se acumulavam – e, assim, chegou ao final do primeiro ciclo do Ensino Fundamental praticamente analfabeta. Sentia-se mal, chorava, especialmente diante do que sentia como descaso dos professores. "Eles simplesmente não ligavam", conta.

Capítulo virado, anos depois Jéssica é outra aluna, com aproveitamento superior à média, feliz com o que aprende tanto em Matemática como em Português, Inglês e outras disciplinas. "No começo, aprendi de pouquinho em pouquinho, depois foi bem rápido", diz. Hoje lê com prazer os gibis do Sesinho, notícias sobre o Corinthians em jornais esportivos e carrega sempre um livro do SESI-SP para fazer suas lições.

Do que aconteceu nesse período, Jéssica tem certeza: foi a passagem pelas classes do SESI-SP, onde se sentiu acolhida integralmente pelos professores. A mudança se expressa no próprio comportamento de Jéssica em sala de aula. Antes ela recebia ajuda para fazer as atividades, agora é ela quem ajuda seus colegas. "Em minha escola, agora, os meus professores dizem: nossa, como você ficou inteligente!"

Trajetória de superação

Sara Kaly Santiago de Lima

No final de 2012, aos 13 anos, Sara Kaly Santiago de Lima comemorou uma grande conquista: sua admissão no curso técnico no SENAI, para aprender o ofício de Técnica de Manutenção. Foi o coroamento de uma trajetória de superação pela via da Educação.

Este ano Sara deixa o CCA, pois chega à idade-limite. Mas sai com a alma lavada da missão cumprida, disposta a ajudar sempre que precisarem. Afinal, lembra-se bem das próprias dificuldades, quando, já na quarta série do Ensino Fundamental (série que repetiu), sofria por não saber escrever sequer seu próprio nome.

Foi um choque para Sara, menina desenvolta que sempre achou que aprenderia facilmente. "Quando não aprendi, fiquei pensando que o problema era meu e não de quem não soube me ensinar", diz.

Foi na sala de aula do SESI-SP que recomeçou sua trajetória. Estimulada pelas professoras, começou a se aproximar dos livros e a retomar seu amor pelos estudos – inclusive Matemática, outra área em que havia avançado pouco. Lembra-se com clareza de seu progresso – por exemplo, com o orgulho que sentiu quando viu seu trabalho exposto no projeto Meu Planeta.

Isso fez com que também avançasse na escola regular. "Na escola, ficamos muito tempo em um mesmo assunto, o que não ajuda. Também, com 40 alunos é difícil para os professores acompanharem o que fazemos. Aqui no SESI-SP me sinto querida, os professores cuidam de mim como amigos", diz.

Assim, Sara tornou-se uma boa aluna, que adora ler contos de fadas, e aprendeu que é pela educação que irá longe. Esforçou-se muito para isso, e os resultados aparecem com clareza. "Foi muito difícil, mas entrei no SENAI, que hoje curso nos finais de semana", conta. Agora, sonha em fazer faculdade e, posteriormente, entrar para a Marinha, pois quer conhecer muitos países.

Futuro de escritora

Arielle Vieira da Silva

Os alunos que participam do programa SESI-SP na Trilha dos Saberes têm diferentes perfis. Há crianças, por exemplo, que têm bom desempenho em suas escolas de origem e encontram no projeto espaços novos de expressão de seus talentos. É o caso de Arielle Vieira da Silva, 11 anos, que sonha em se tornar escritora. Boa aluna, gosta de todas as disciplinas. "Gosto da escola, mas com vontade mesmo venho para cá, mesmo que tenha de acordar cedo, já que estudo à tarde", conta. Arielle gosta de vir para o CCA porque, nas aulas do SESI-SP, tem oportunidade de aprender mais, a partir de estratégias diferentes. "Foi aqui que aprendi a fazer contas de divisão, por exemplo", conta.

O sonho que Arielle alimenta é o de ser escritora. Começou cedo, inventando poemas mal havia sido alfabetizada. Chegou a ganhar destaque em uma publicação da Fundação Carlos Chagas, com uma poesia onde uma princesa era quem salvava os homens.

Além da escola, Arielle ajuda a mãe a cuidar dos irmãos mais novos, mas nunca falta às aulas. E nunca deixa de escrever. Possui até mesmo um lema, que orienta suas produções: "Quem rouba perde", diz. "Esse é meu lema e todo livro que eu fizer vai levar esse carimbo", conclui.

Outros depoimentos de alunos

O SESI-SP me ajudou muito, antes tinha medo e quase não aprendia nada na escola.

Agora não tenho medo nem vergonha, com isso aprendo cada vez mais. Até a minha mãe notou melhora. Meu comportamento também melhorou porque agora aprendi a escutar mais e falar na hora certa.

Samira Pontes, 10 anos

O SESI-SP é muito legal na minha vida, reforça o que eu aprendo na escola e também ensina o que a escola não consegue me ensinar.

Minha matéria preferida é Matemática; eu gosto porque aprendo diferente da escola.

Isabelle Vitória Santos Soares, 10 anos

O SESI-SP transformou a minha vida porque a gente aprende de forma muito legal e diferente da escola. A aula que eu mais gosto é a de Português. A Van me ajuda muito.

Agora é mais fácil até na escola porque algumas coisas que a professora fala eu já sei antes.

Carliffa Cristina de Araújo Beserra, 9 anos

O SESI-SP me ajudou muito. Antes eu tinha dificuldade para aprender, mas frequentando as aulas no SESI-SP eu aprendi mais e agora sei como é que estuda.

Antes eu tinha medo de não aprender e frequentando as aulas do SESI-SP eu aprendi a acreditar que eu posso ter conhecimento.

Ingrid de Sousa Mesquita, 13 anos

Comecei aqui com 12 anos. Já havia o SESI-SP. No começo, eu não queria entrar na sala de atividades. Não lembro o porquê.

Da minha escola, lembro de que não gostava. Era muito chato, os meus colegas brigavam. Daqui eu gostava. Foi aqui que aprendi a ler. Foi muito bom. Mudei muito. Eu era muito tímido, acho que porque me sentia muito chateado de não saber ler.

Aprendi a mexer com o computador na UNAS, inicialmente para fazer tabelas, quando íamos ao supermercado para classificar os produtos. A Carla, do SESI-SP, ficava comigo até depois do horário. Aos poucos, comecei a me interessar. Ainda hoje, continuo aprendendo sobre computadores, agora na lan house. Aprendi a ler e quero muito continuar a estudar.

Bruno Araújo Inácio, 17 anos

Olhar de mãe

O Brasil precisa de educação

Depoimento de Teresa Maria Rodrigues (auxiliar de limpeza) e
Fátima Aparecida Silva de Moraes (cozinheira), funcionárias dos CCAs, que tiveram
filhos, sobrinhos e netos que passaram pelo Programa SESI-SP na Trilha dos Saberes

Antes de o SESI-SP chegar aqui, tínhamos muitas crianças com 10 anos que não sabiam escrever sequer o próprio nome e estavam na escola. Ainda tem, mas agora é bem menos. No começo, ficamos assustadas quando o projeto começou, pois não conhecíamos as professoras. Agora, somos uma família só.

O trabalho como um todo é muito gratificante. Vemos crianças que chegaram aqui pequenas e hoje encontramos já formadas. Infelizmente, tem aqueles também que se perdem, e hoje estão presos ou mesmo morreram. E aí sofremos. Mas dá muita alegria ver ex-alunos que precisava ser sempre levados pela mão, crianças em quem ninguém acreditava, e agora estão na faculdade e trabalhando. Ficamos orgulhosas demais.

É um trabalho muito bonito, queremos que continue evoluindo sempre. Aqui, em Heliópolis, nós nos preocupamos muito com a qualidade de ensino e falamos sobre isso em todas as oportunidades com os pais. O Brasil precisa disso, mas é um país muito complicado.

Com amor e carinho

Maria Ronilde Gonçalves Fernandes, mãe de Heloísa

Desde que entrou na Escola Municipal Melvin Jones, a menina Heloísa apresentava algumas dificuldades recorrentes. Sua mãe, Maria Ronilde Gonçalves Fernandes, professora de uma creche conveniada da Prefeitura, preocupava-se com a filha única, sem entender bem o que acontecia.

Foram os professores do SESI-SP, no CCA 120, onde Heloísa começou a estudar há três anos, que perceberam que ali havia mais do que defasagens escolares. Chamada, Maria Ronilde foi aconselhada a levar Heloísa a especialistas, que diagnosticaram um caso de déficit de atenção.

Desde então, a vida escolar de Heloísa só avança, e sua mãe não tem dúvidas do que aconteceu. "Ela teve a chance de receber um atendimento maravilhoso, muito carinhoso, sentiu-se acolhida", conta.

A partir daí, sua vida escolar melhorou visivelmente, a ponto de seus professores pediram para ver os materiais que vinha utilizando nas aulas com os professores do SESI-SP. "Minha filha começou a trazer seus livros para mim para mostrar como estava aprendendo", orgulha-se a mãe.

A mudança não se deu apenas no âmbito escolar. Heloísa passou de uma tímida menina, sempre "envergonhada" –, como descreve Maria Ronilde –, a uma criança risonha, aberta, extrovertida e brincalhona. Como tem de ser.

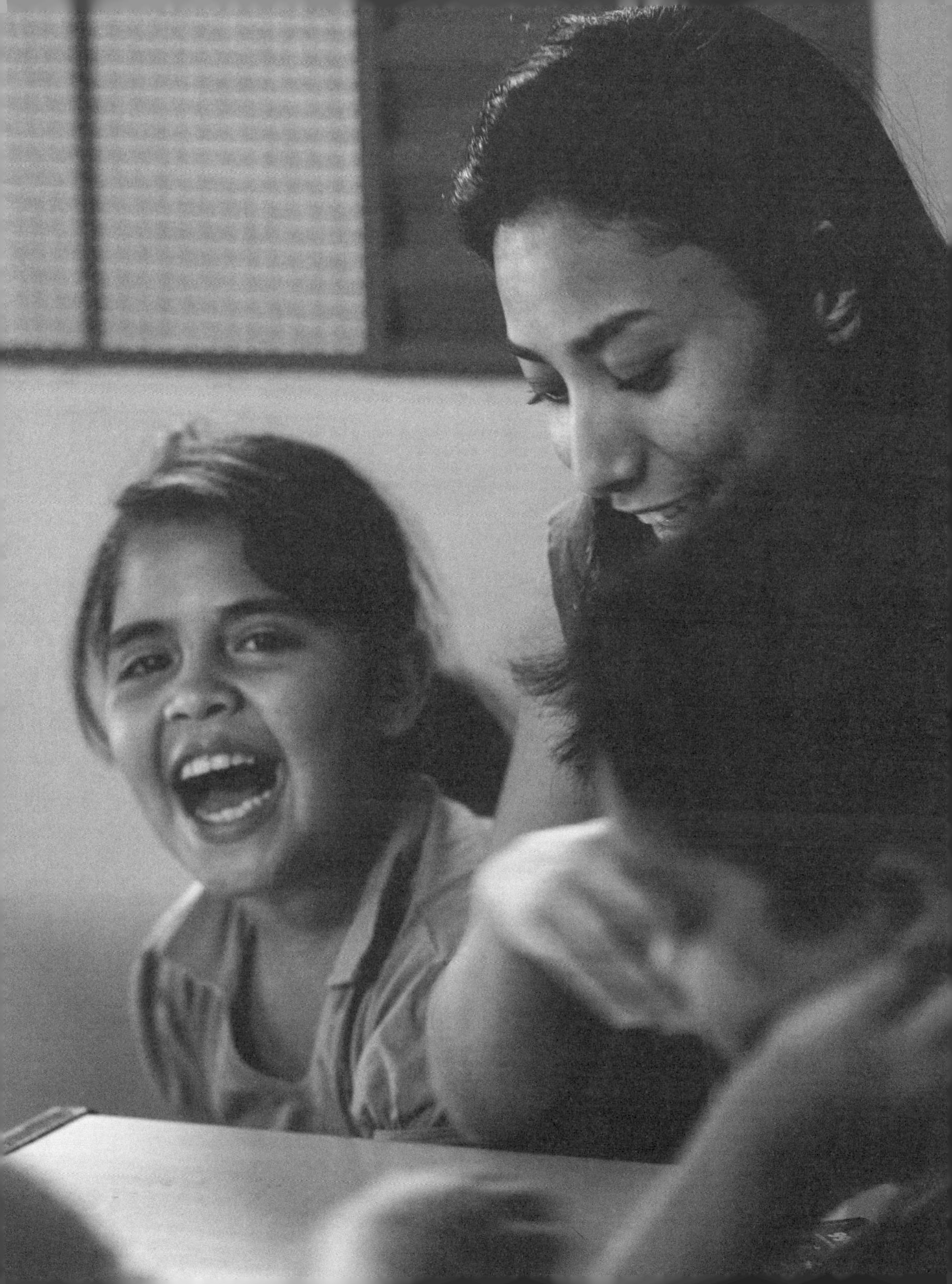

álbum de Fotografias

Fotos: Marcelo Soubhia

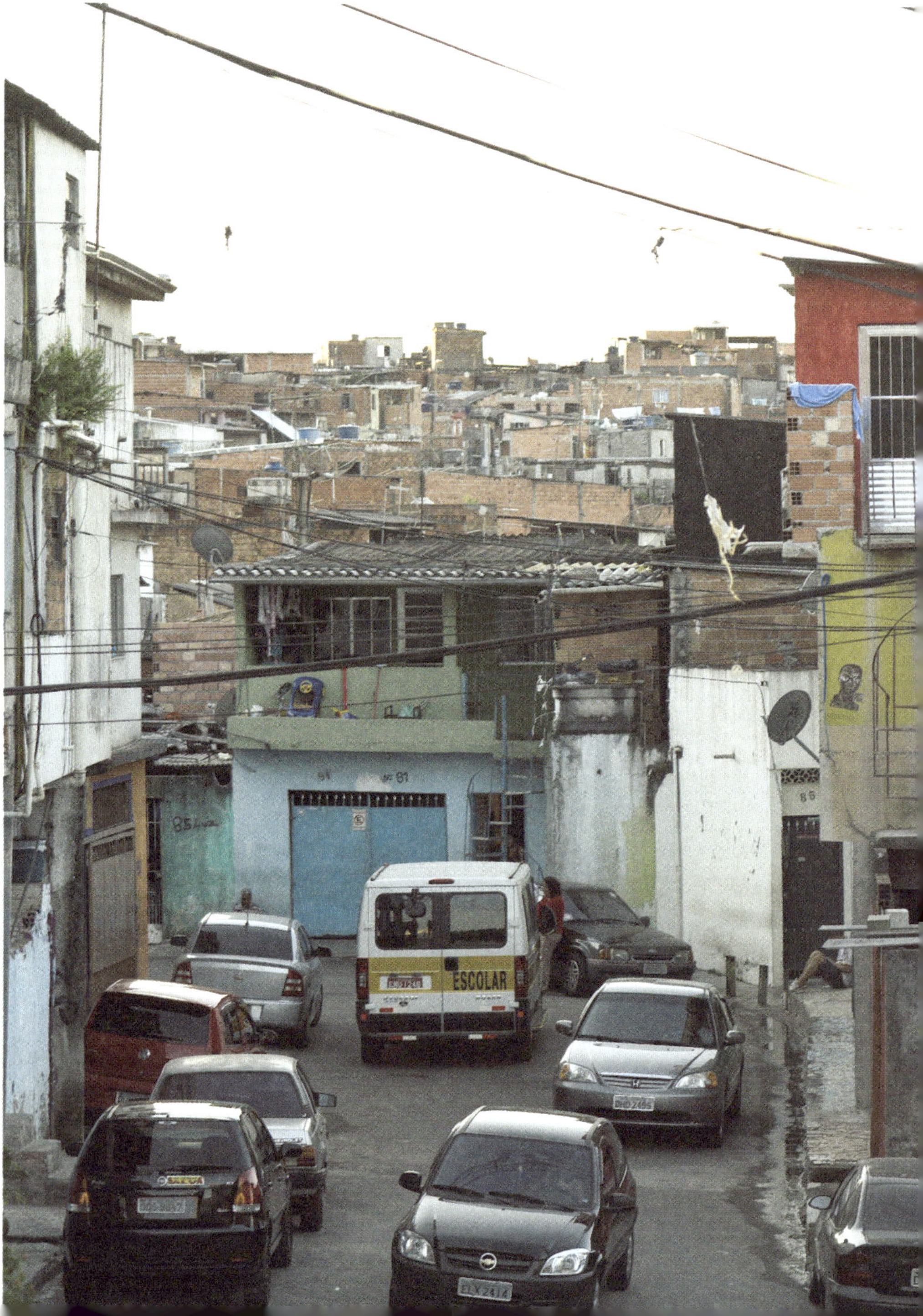
ESCOLAR

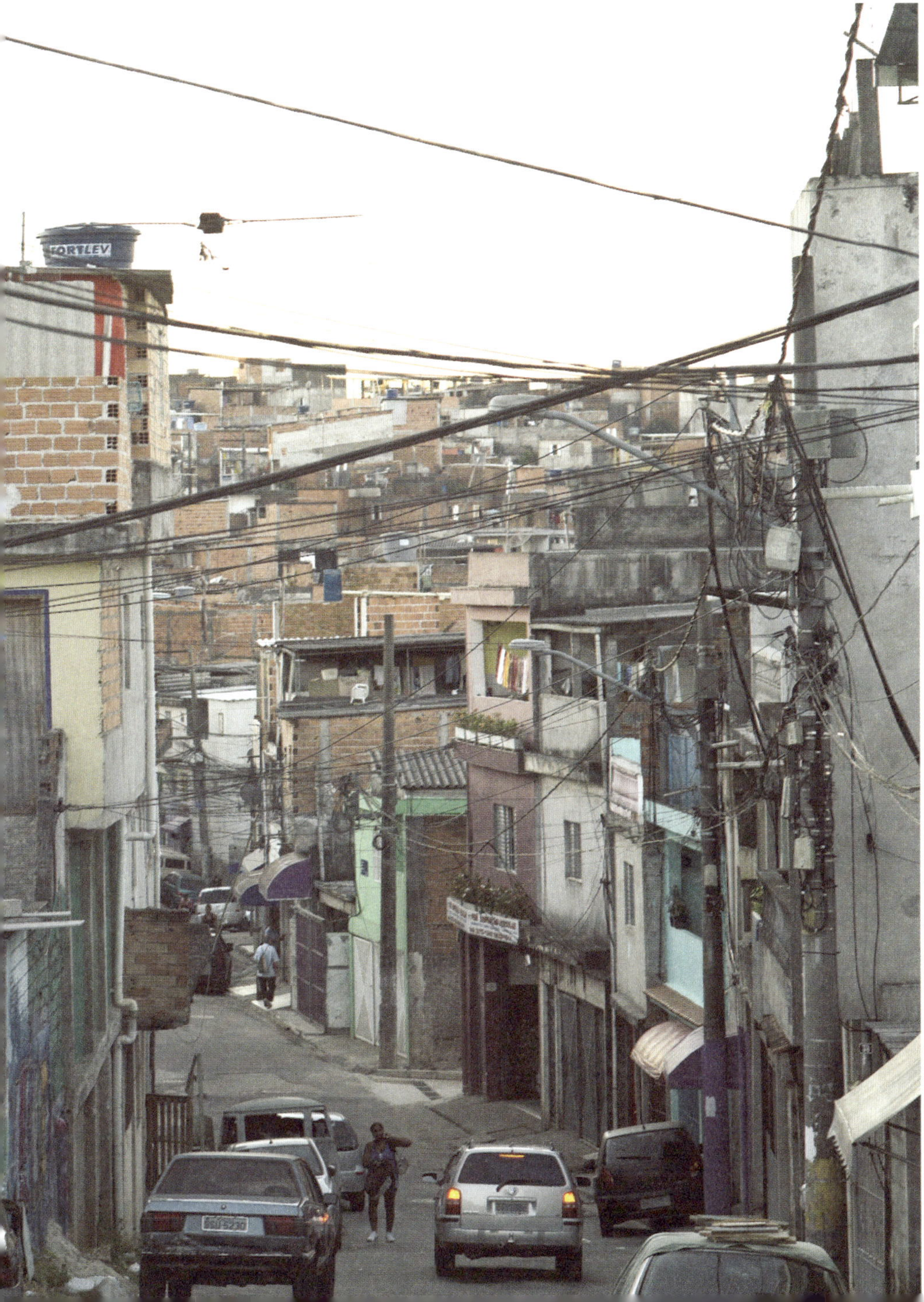
FORTLEV

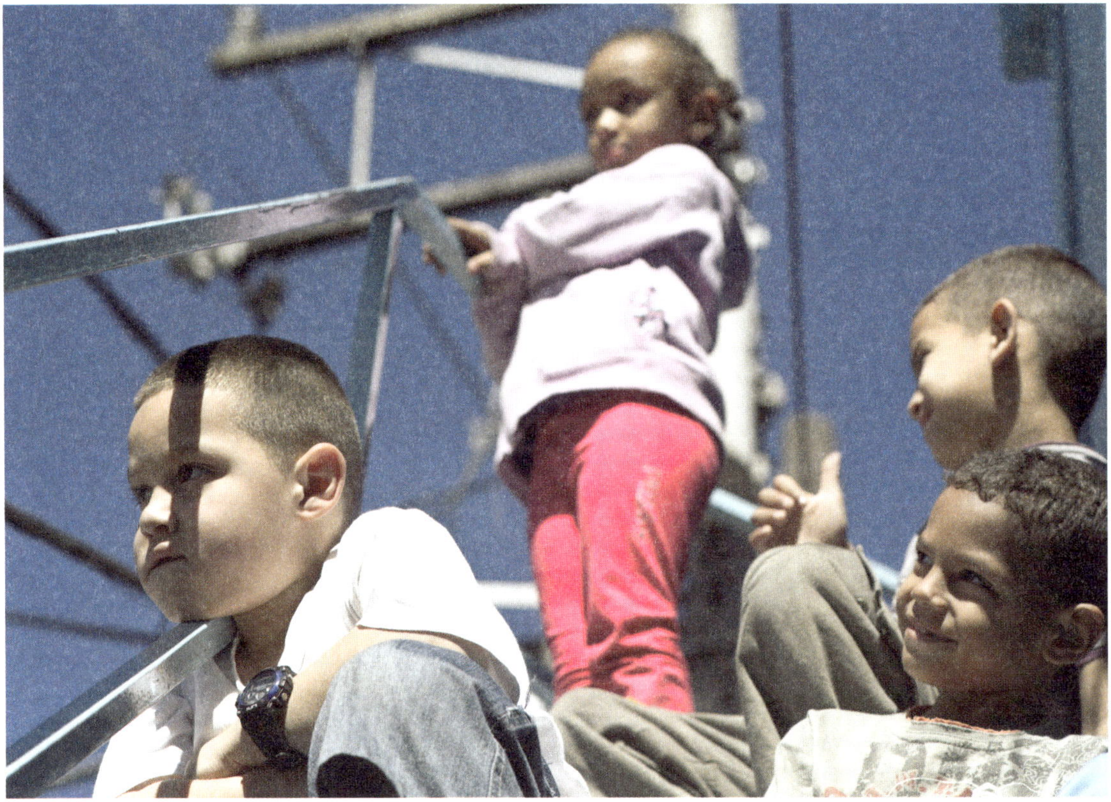

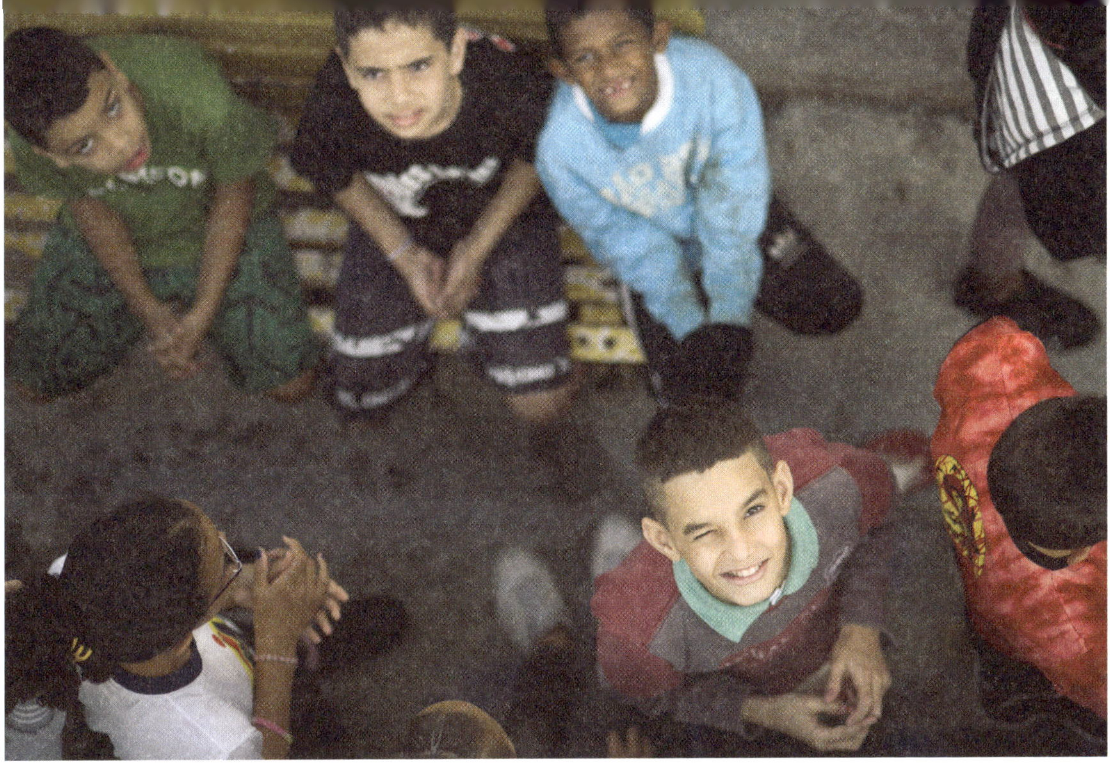

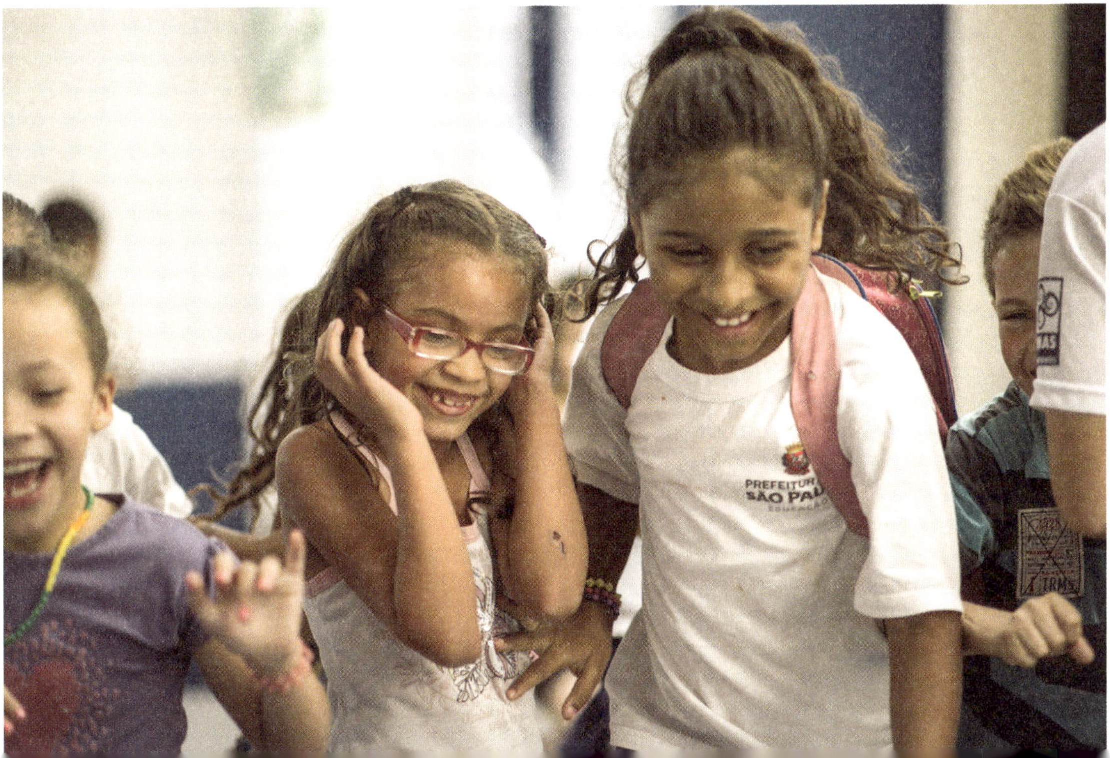

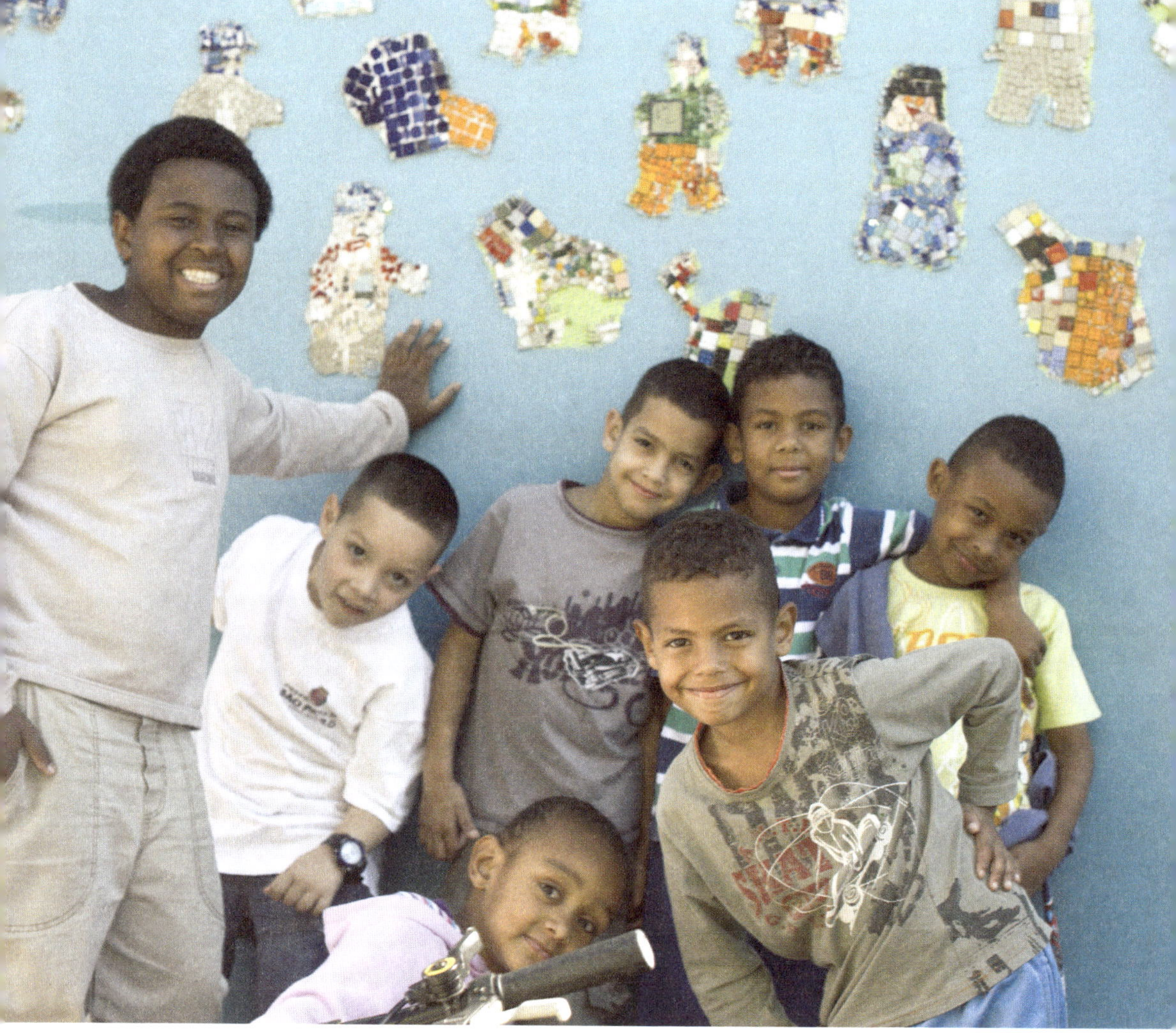

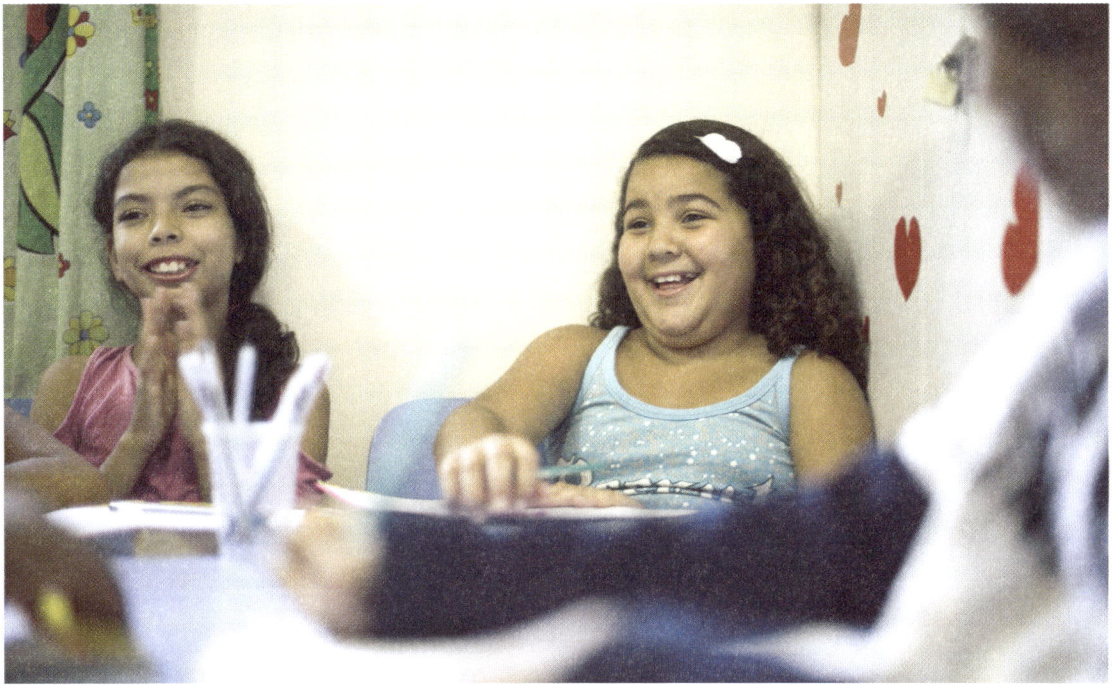

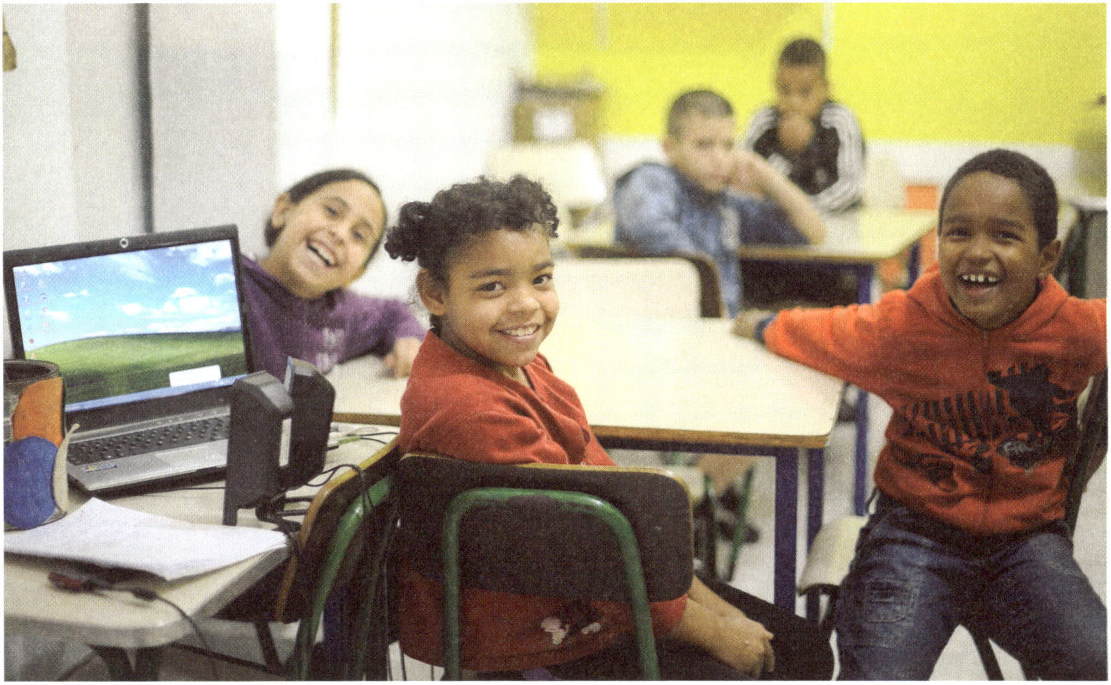

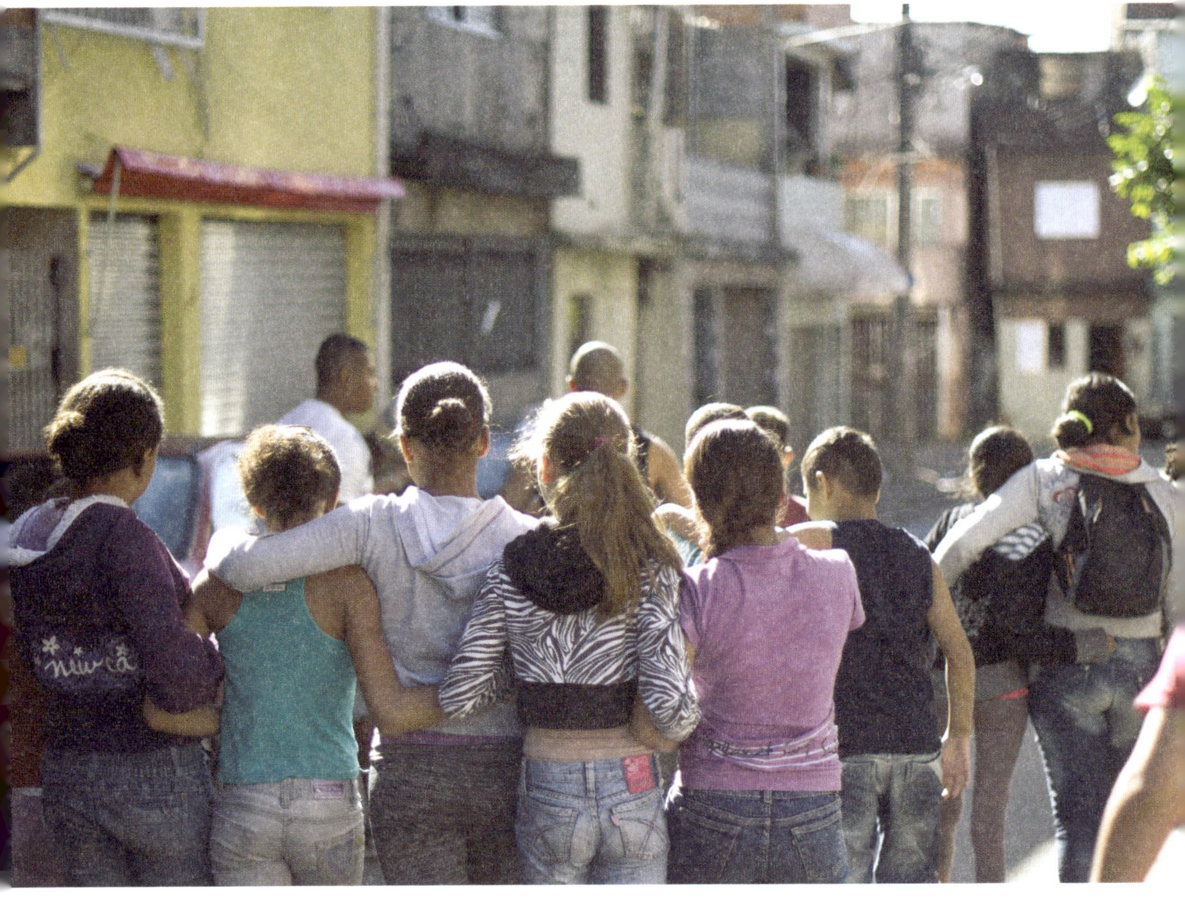

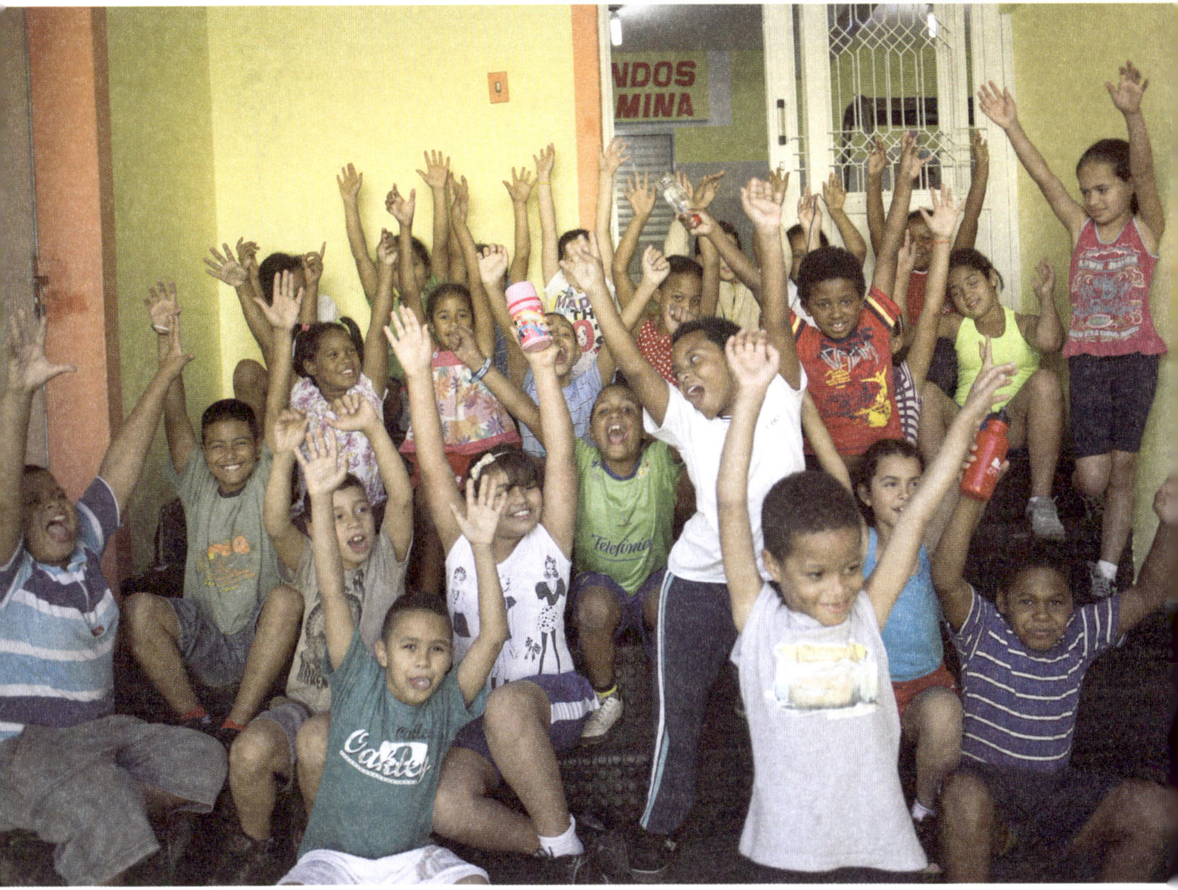

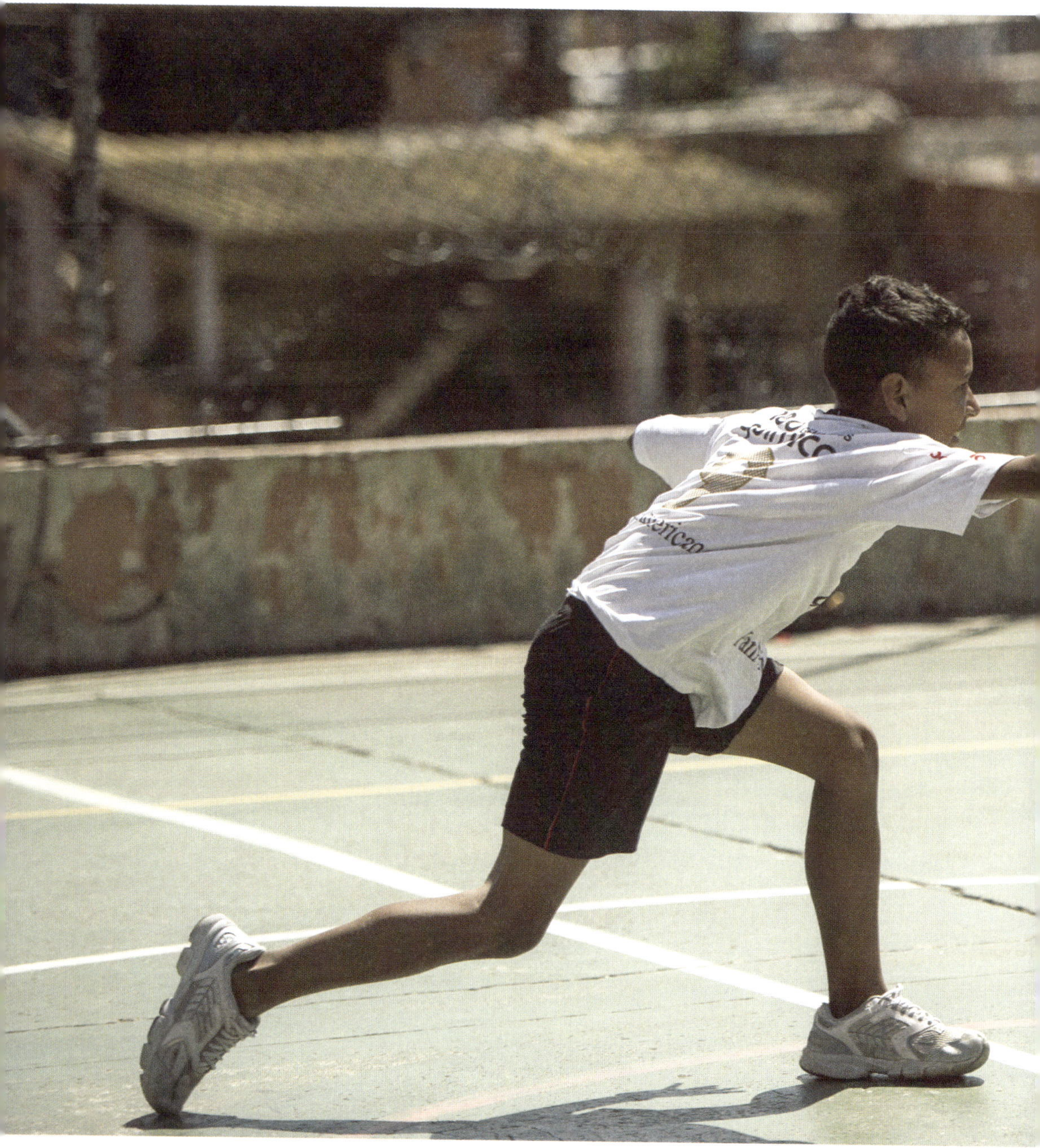

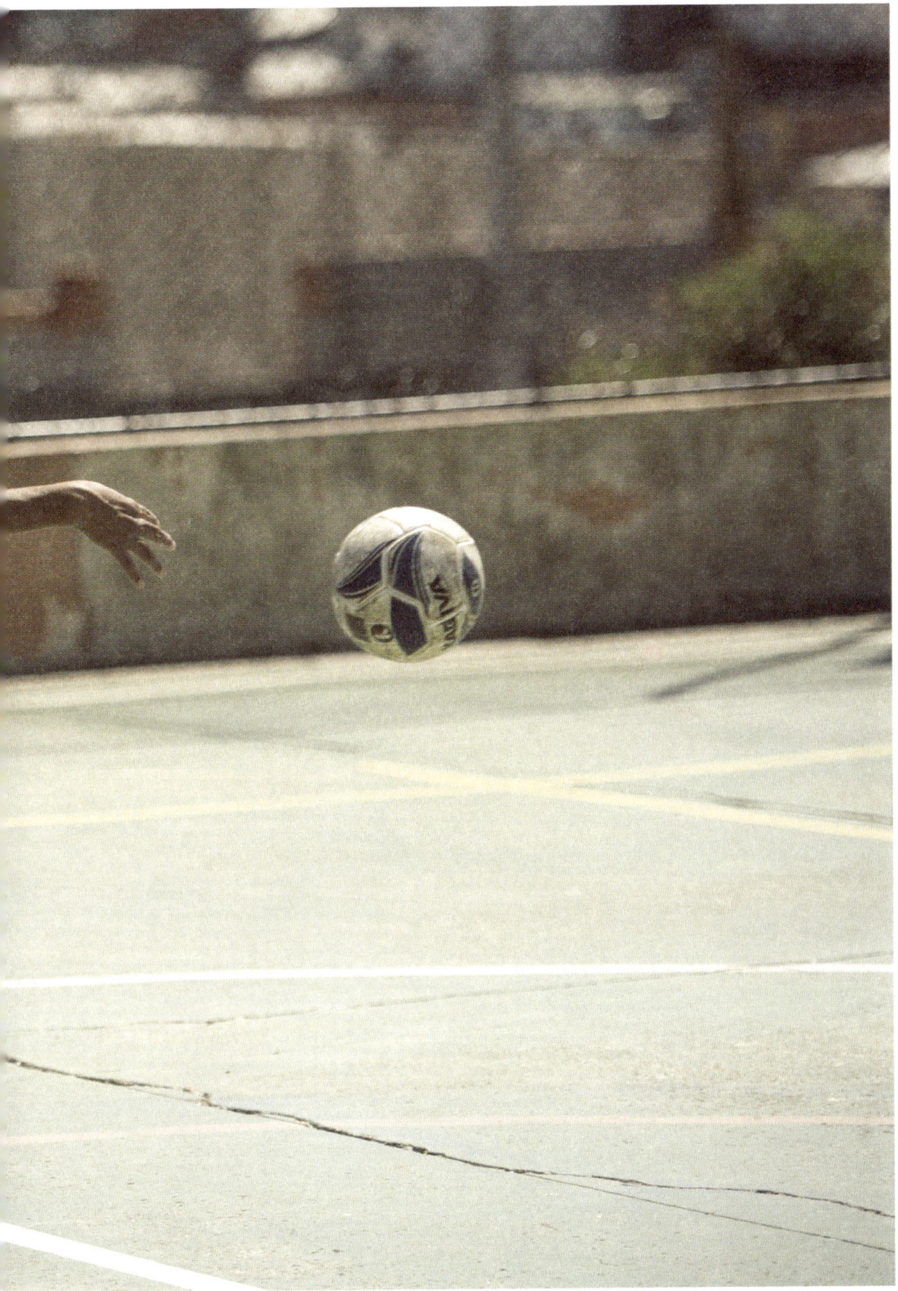

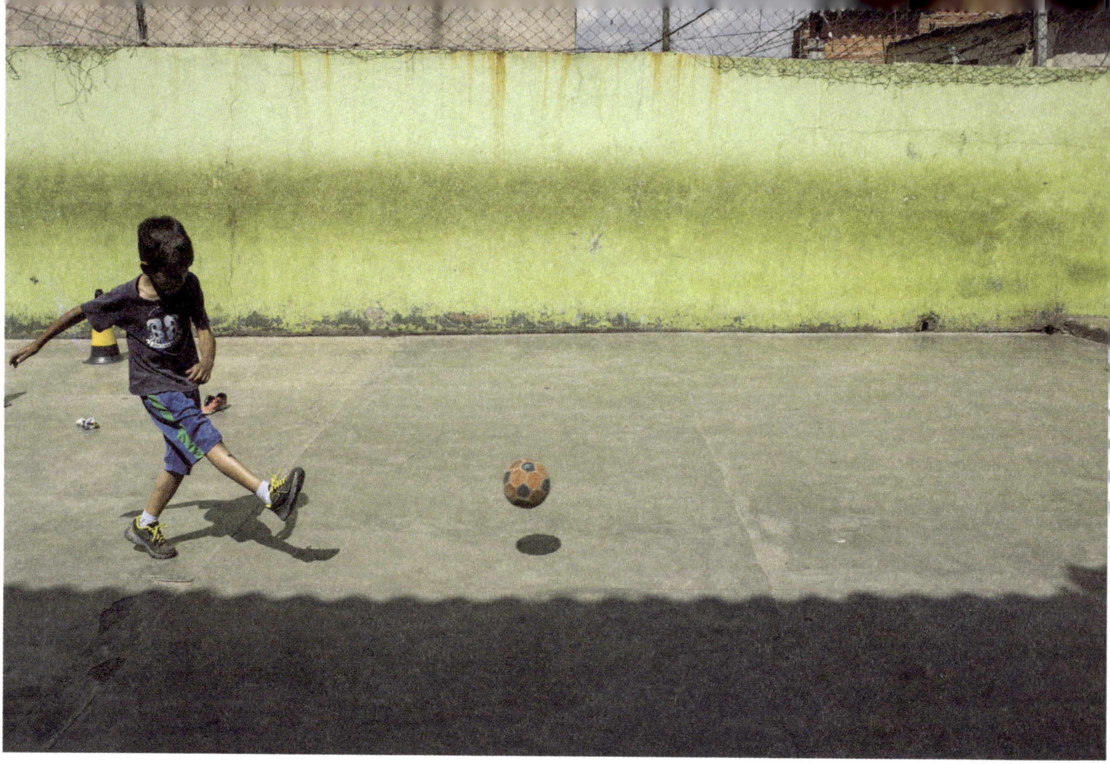

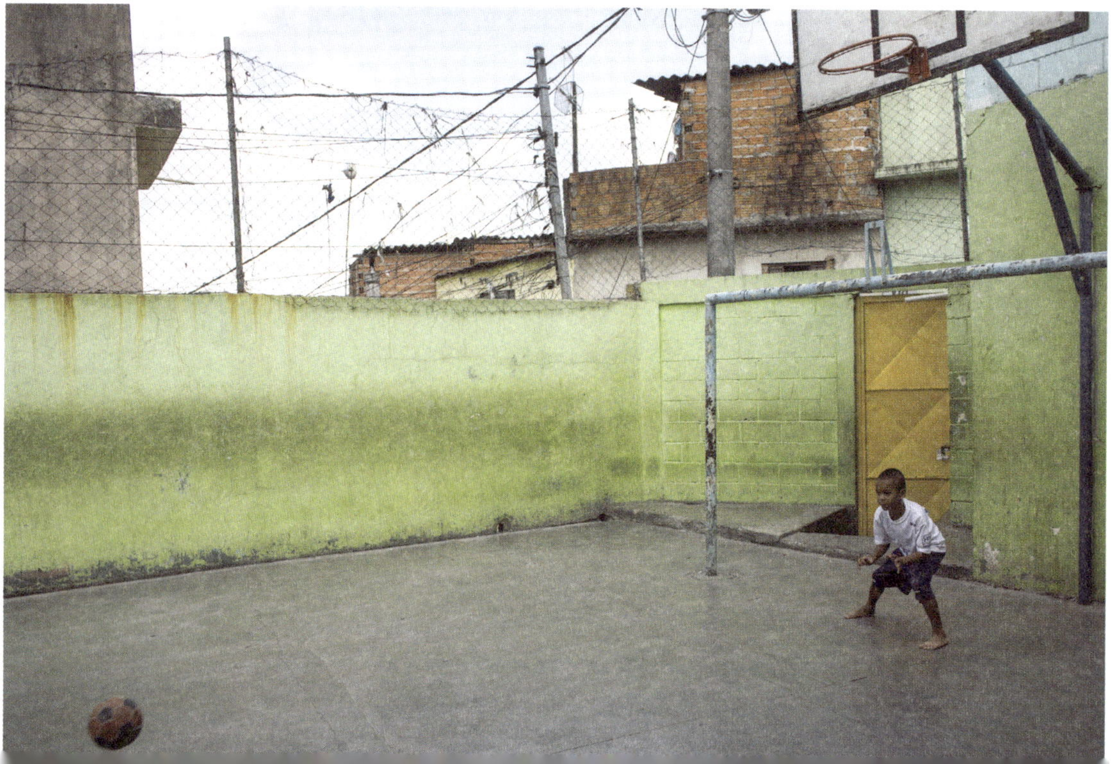

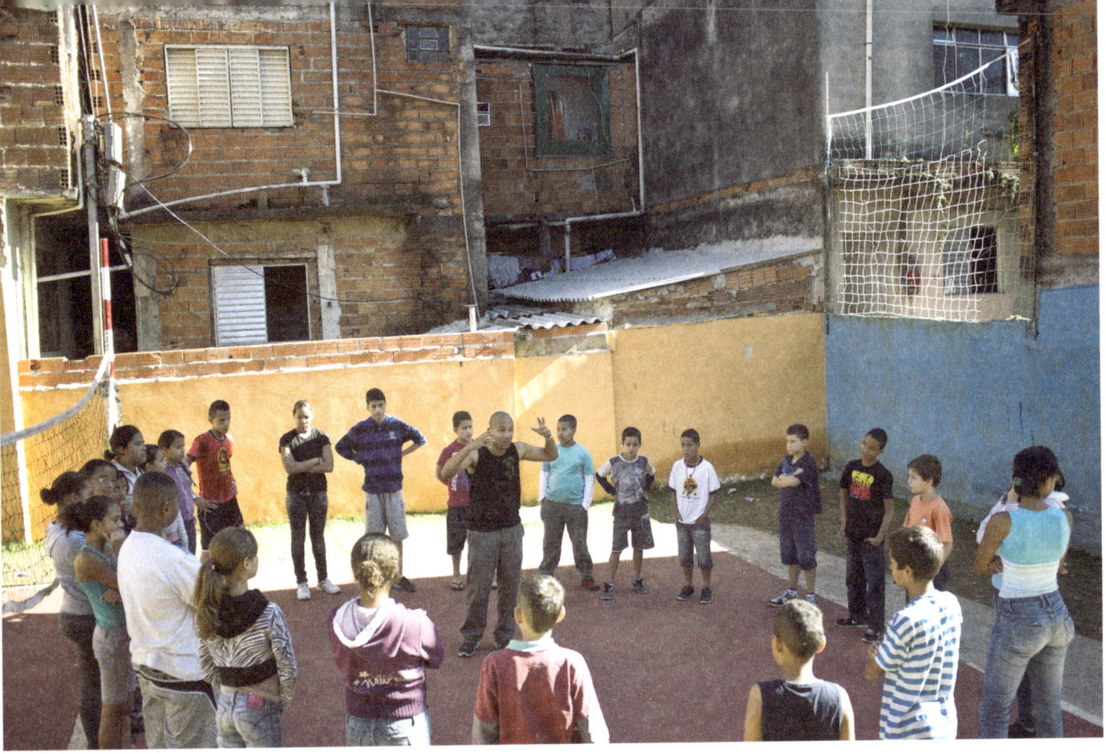

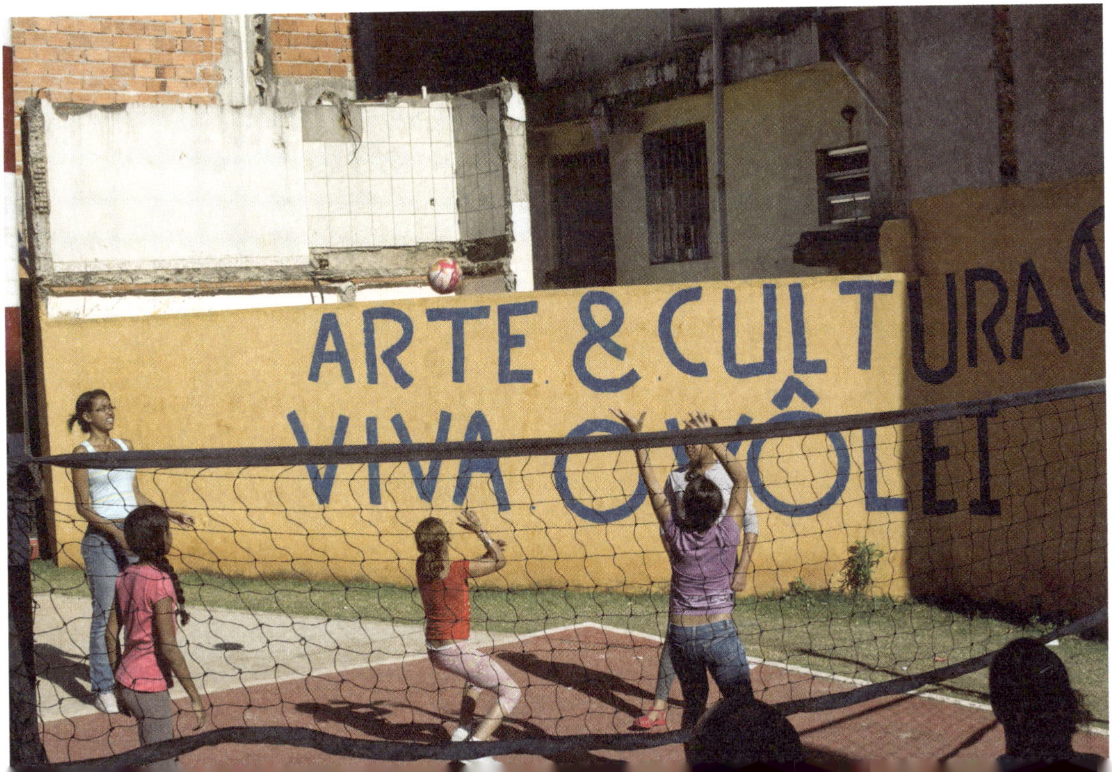
ARTE & CULTURA
VIVA O VÔLEI

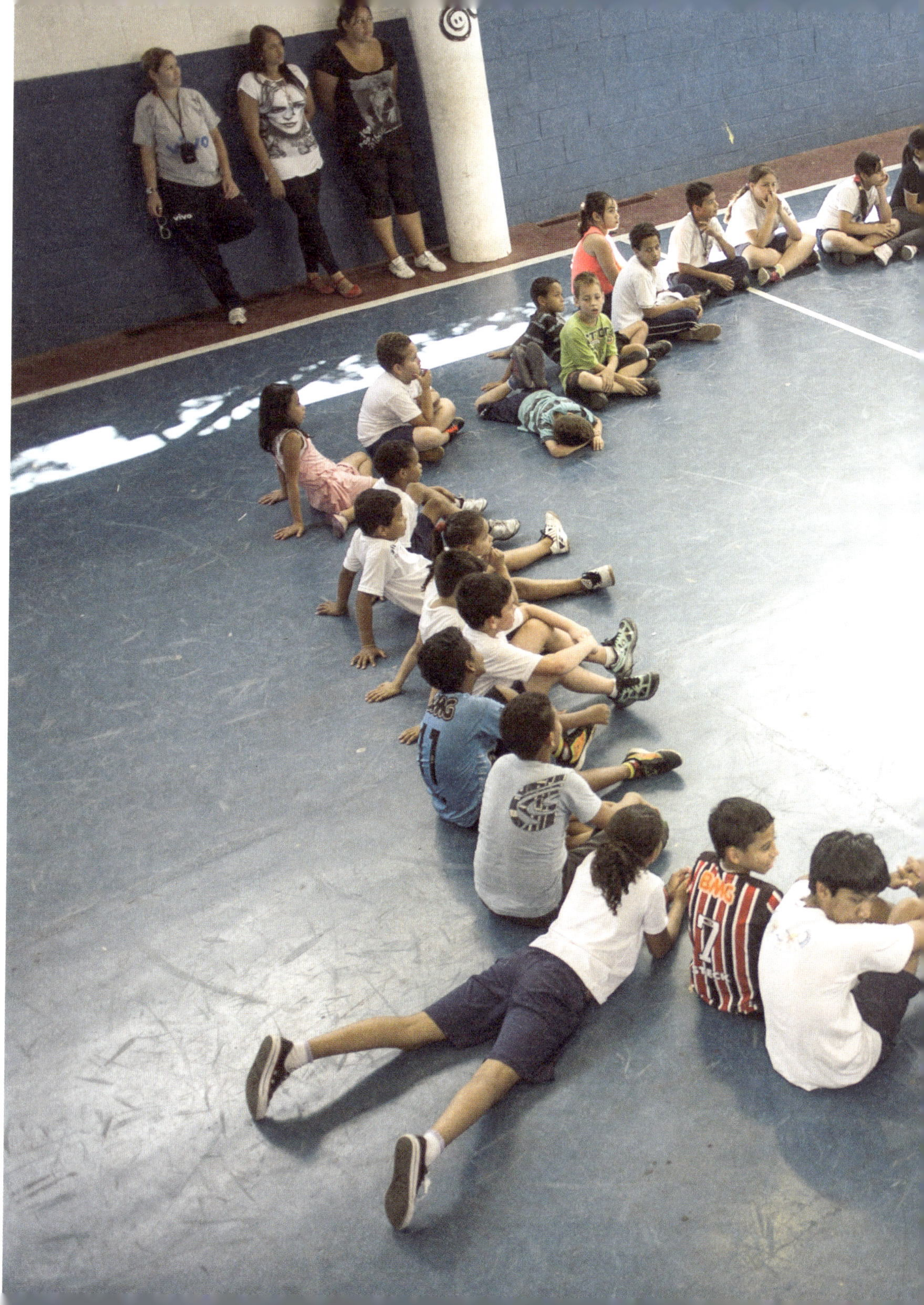

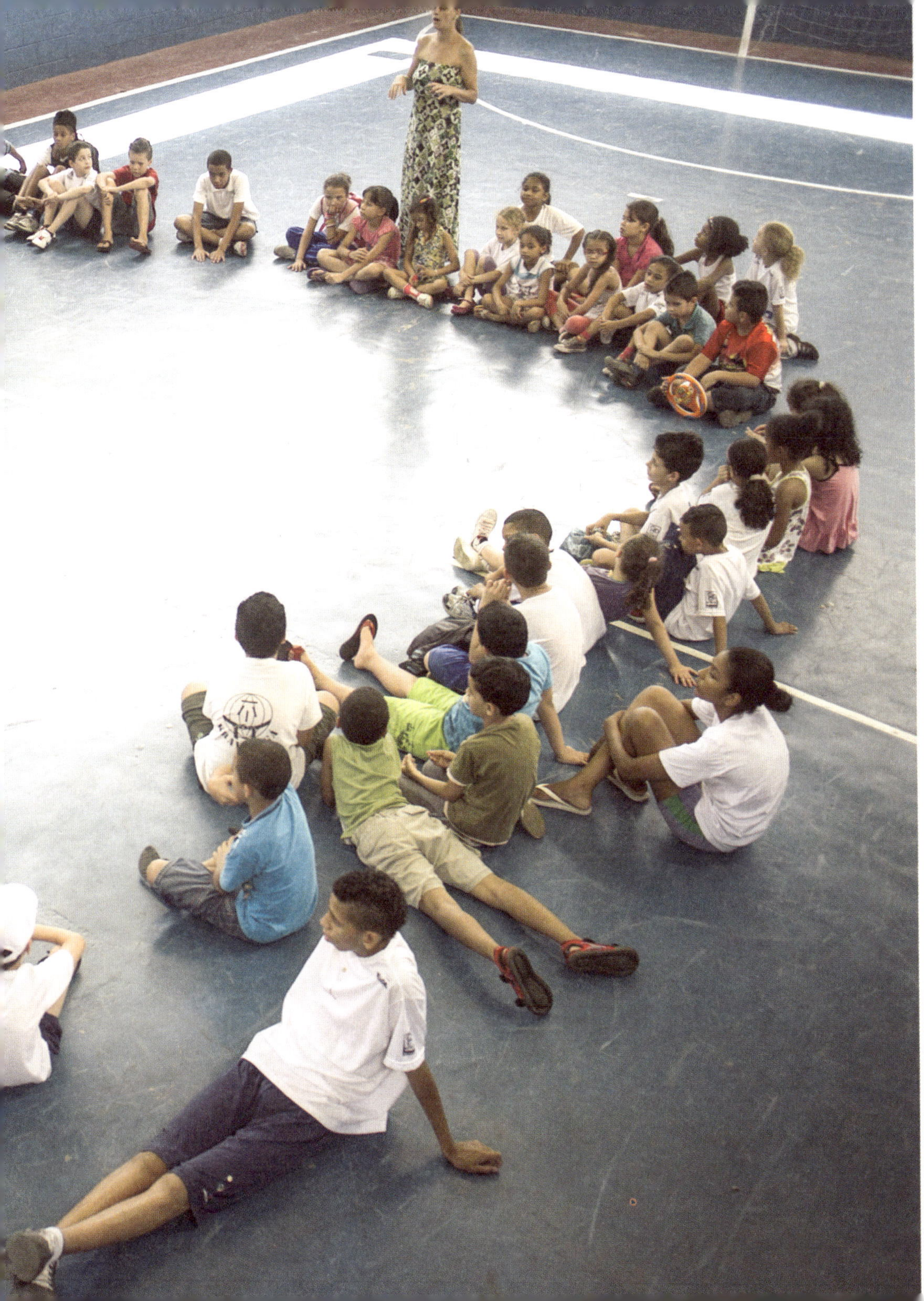

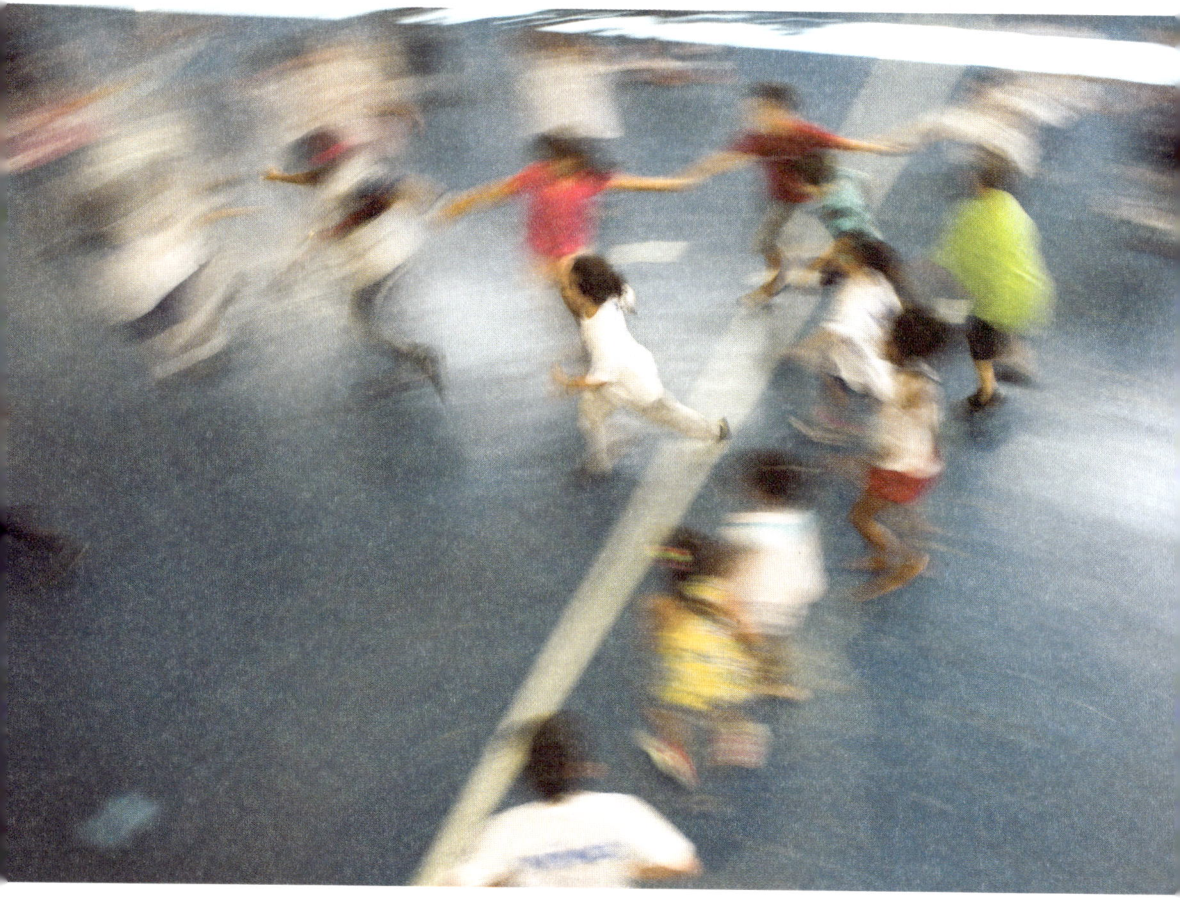

MATERIAL ESPORTIVO
BEBIDA (CERVEJAS) → SKOL
GRÁFICOS
DIFERENTES GRÁFICOS
MOSTRAM SUAS PESQUISAS

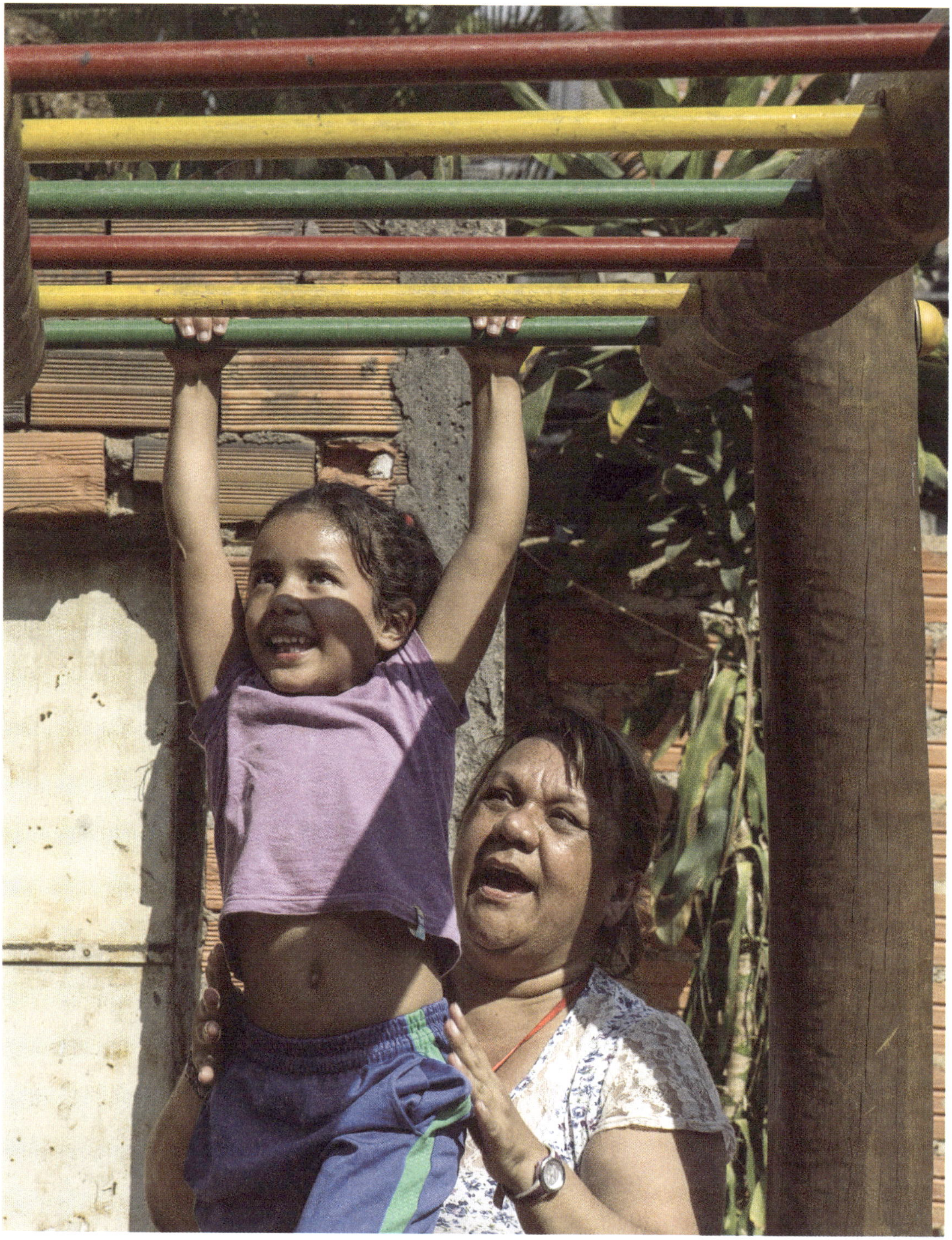

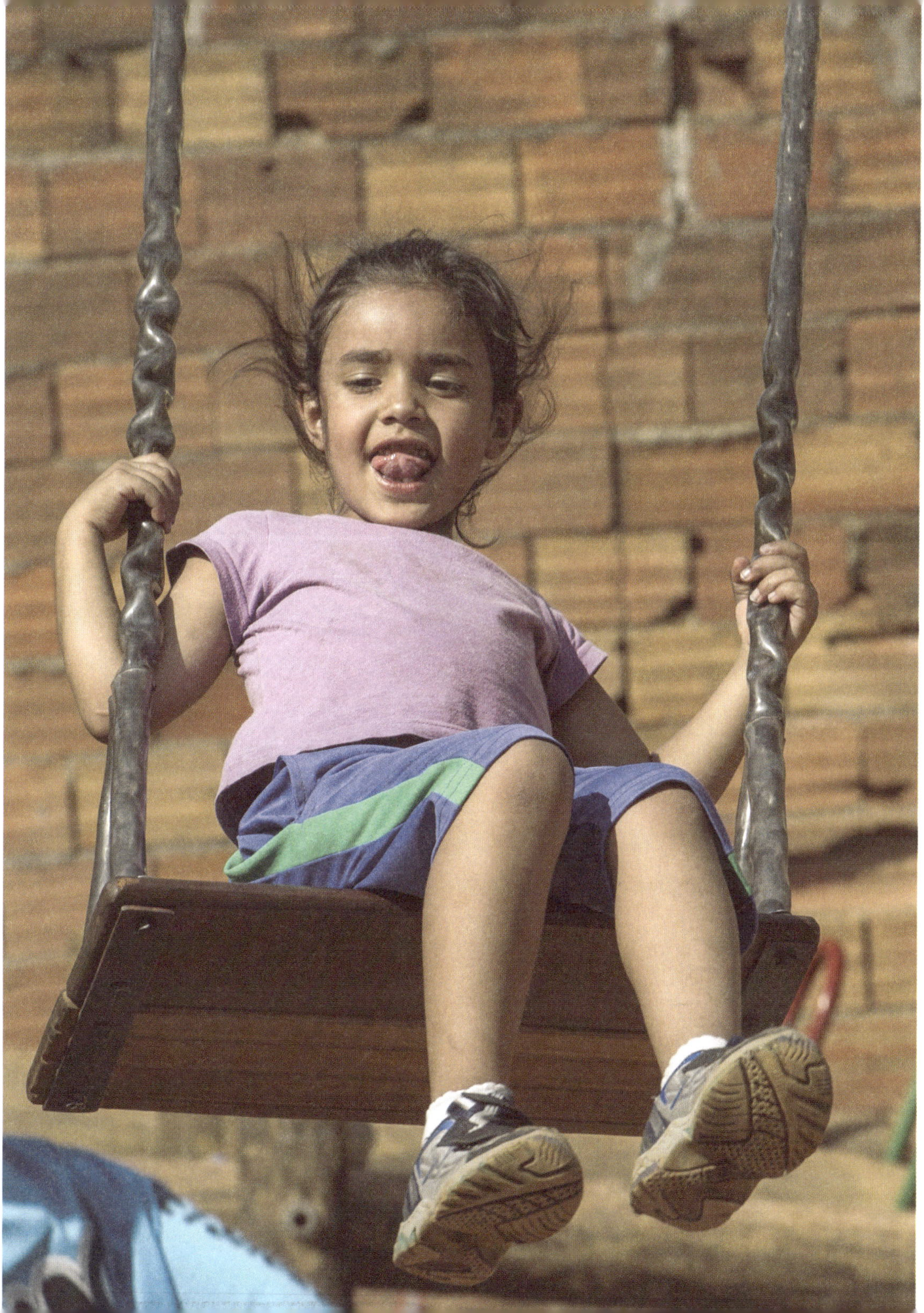

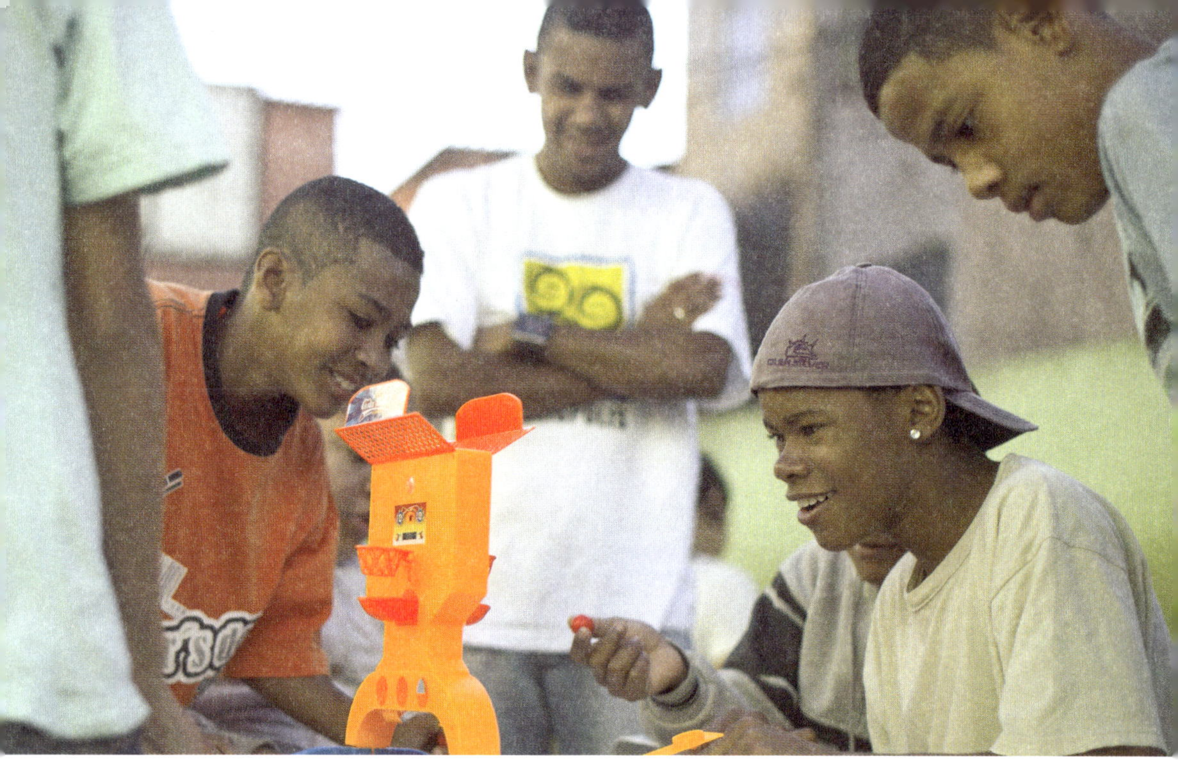

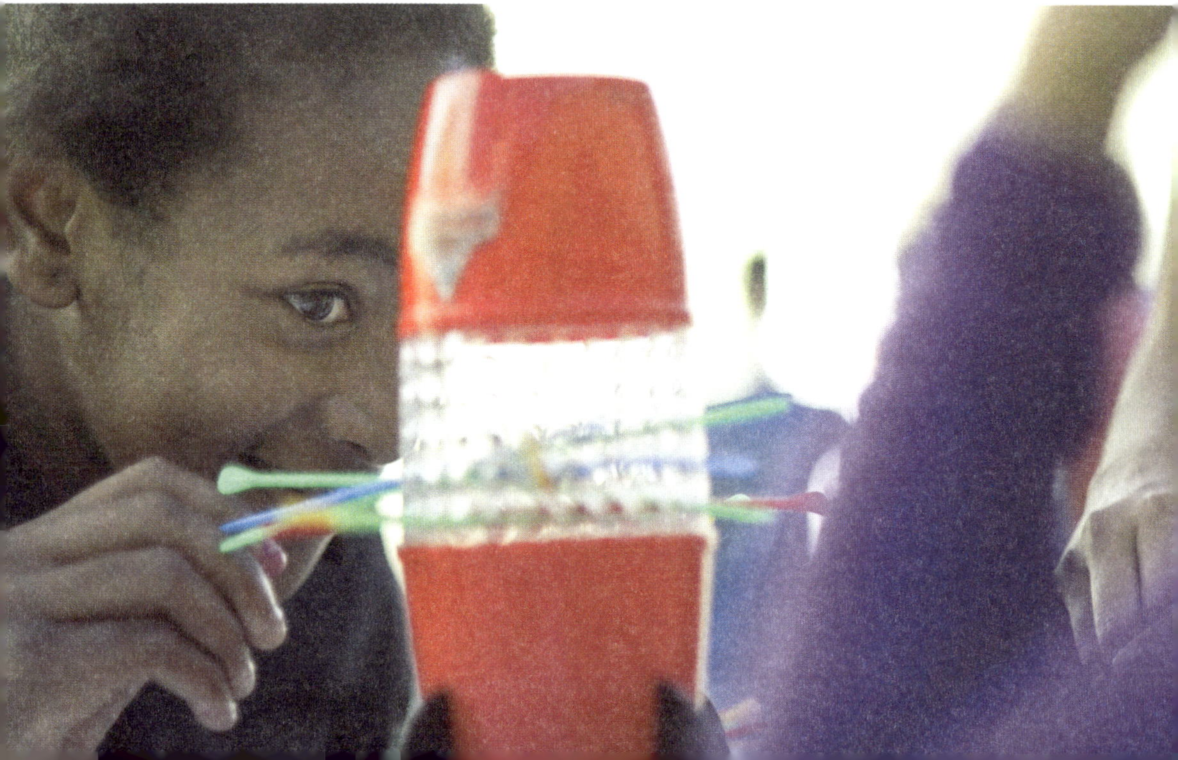

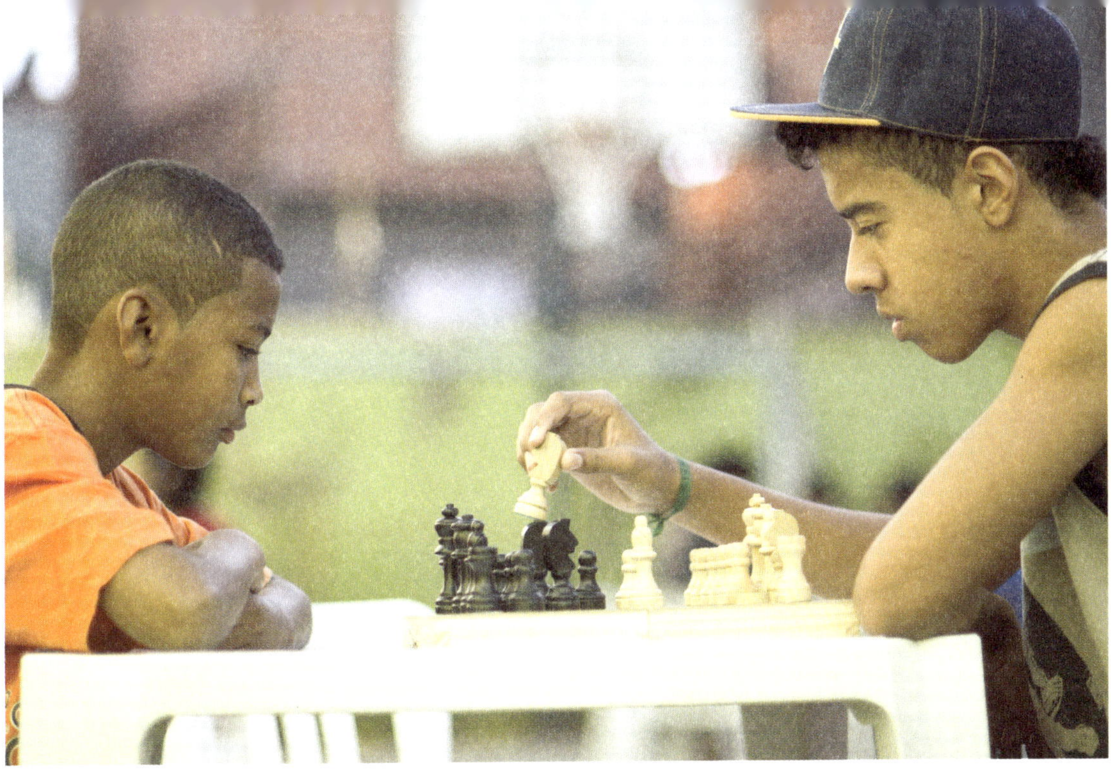

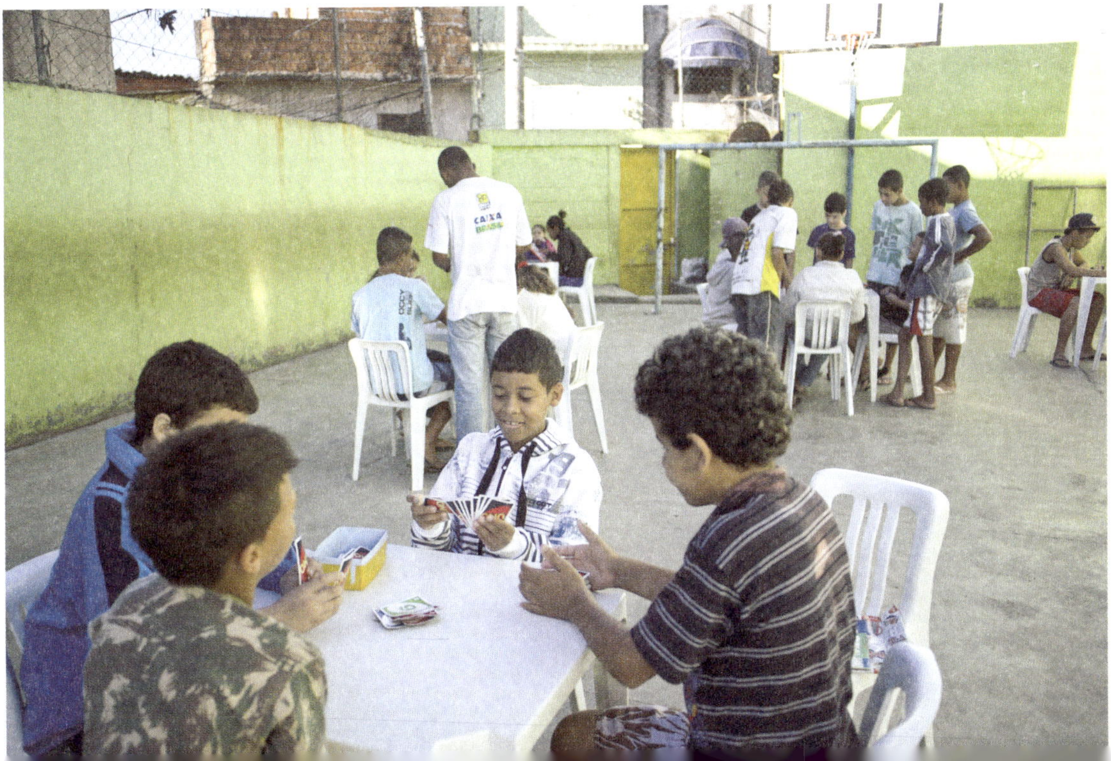
CAIXA

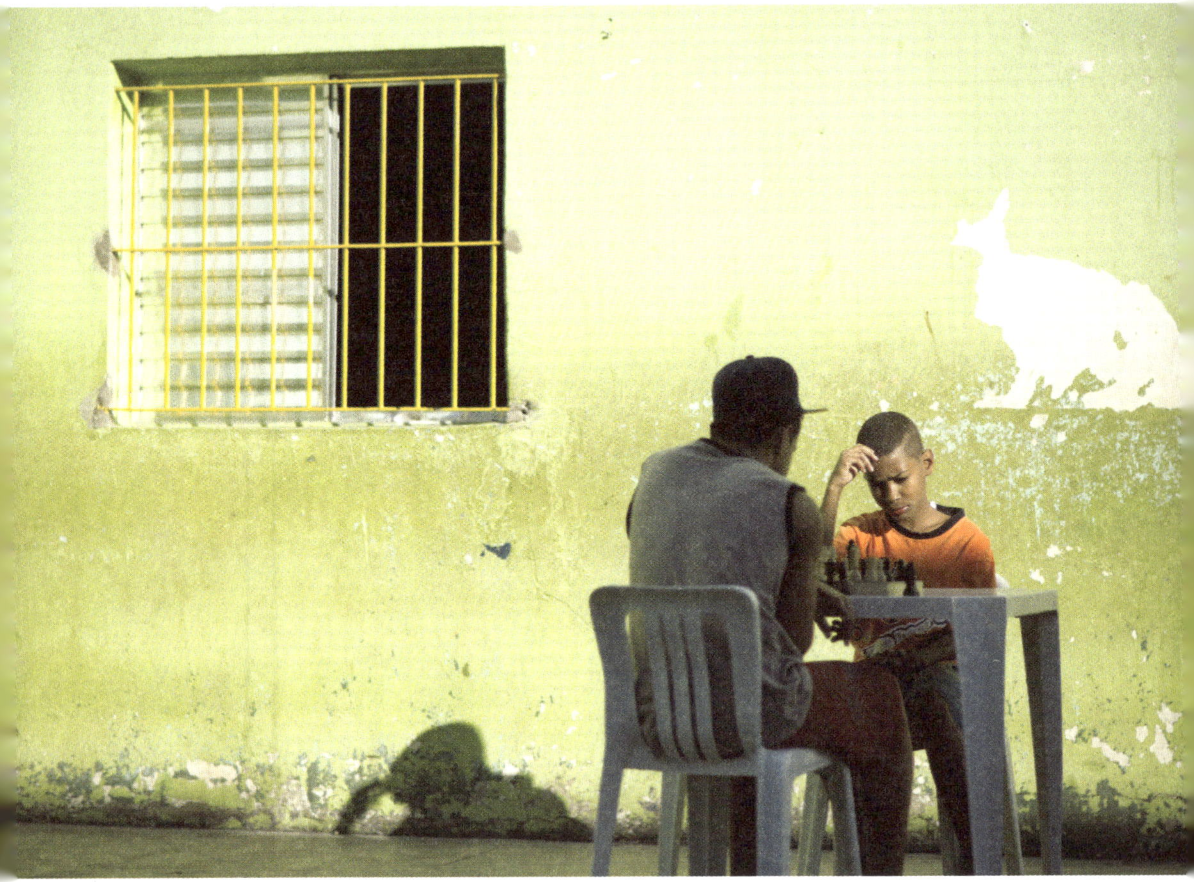

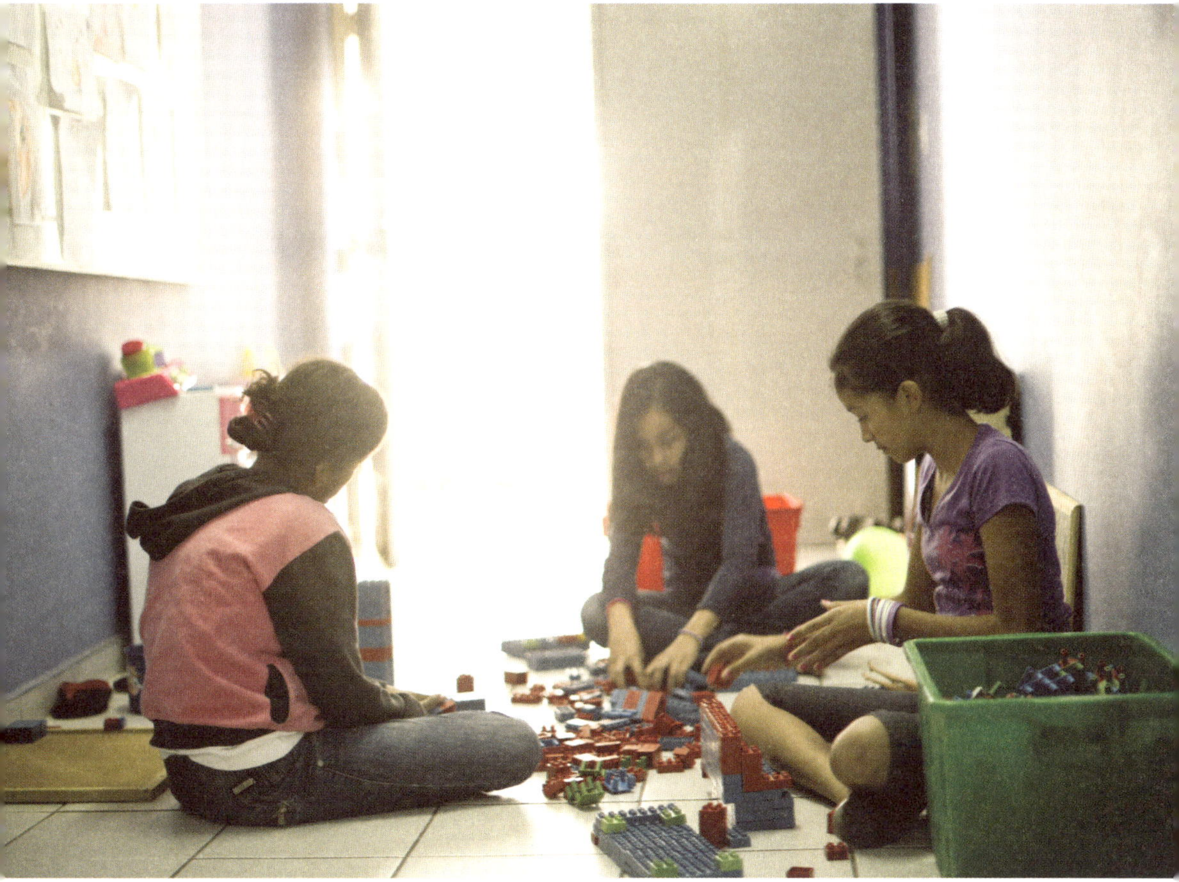

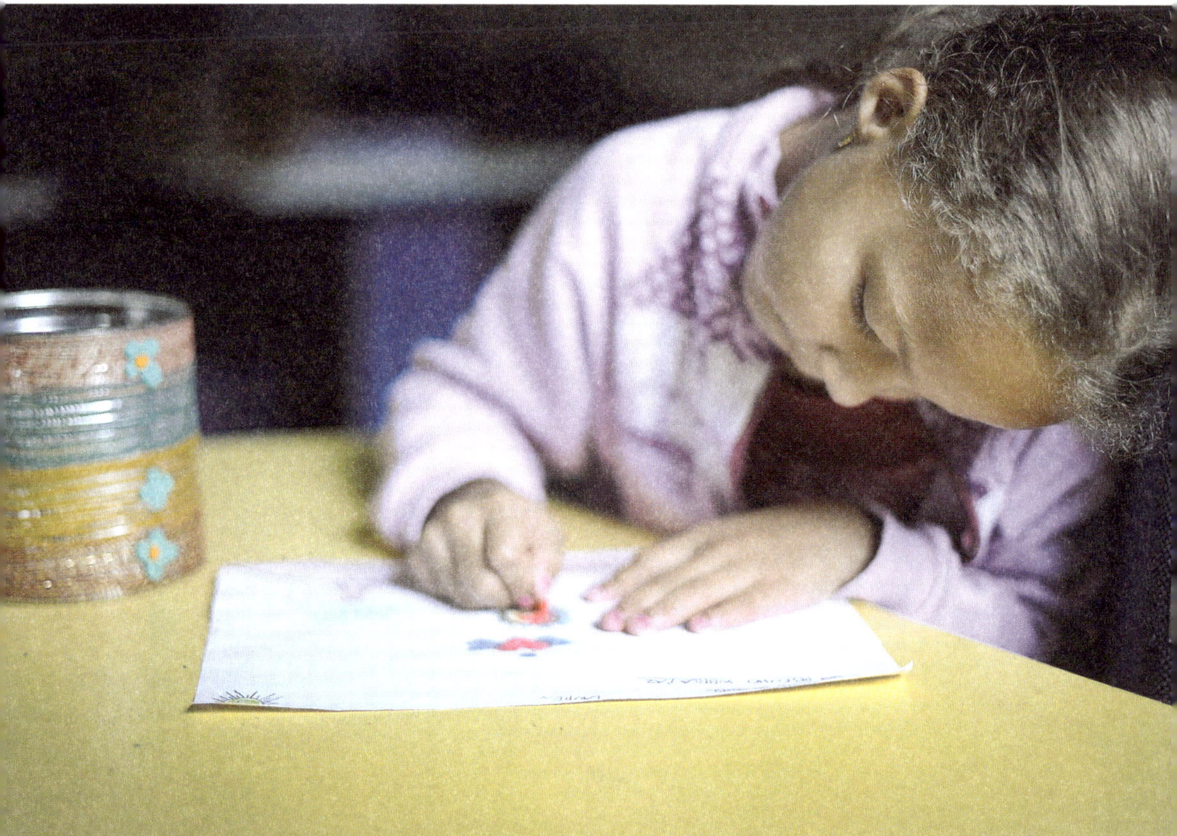

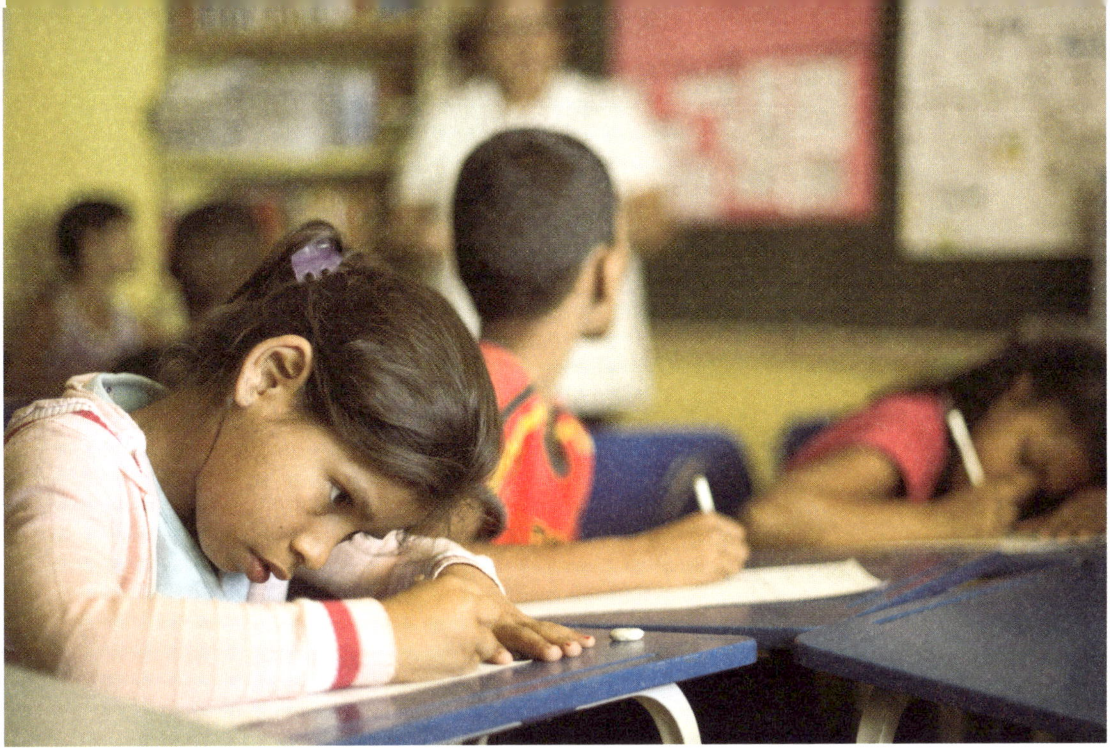

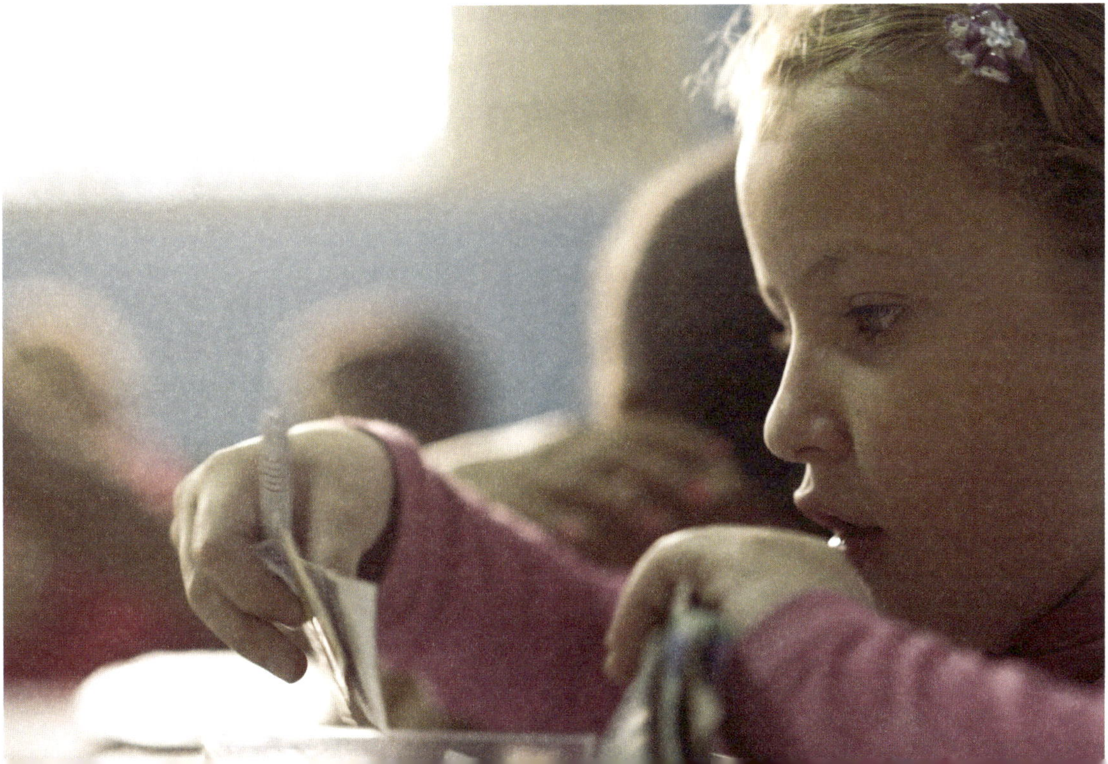

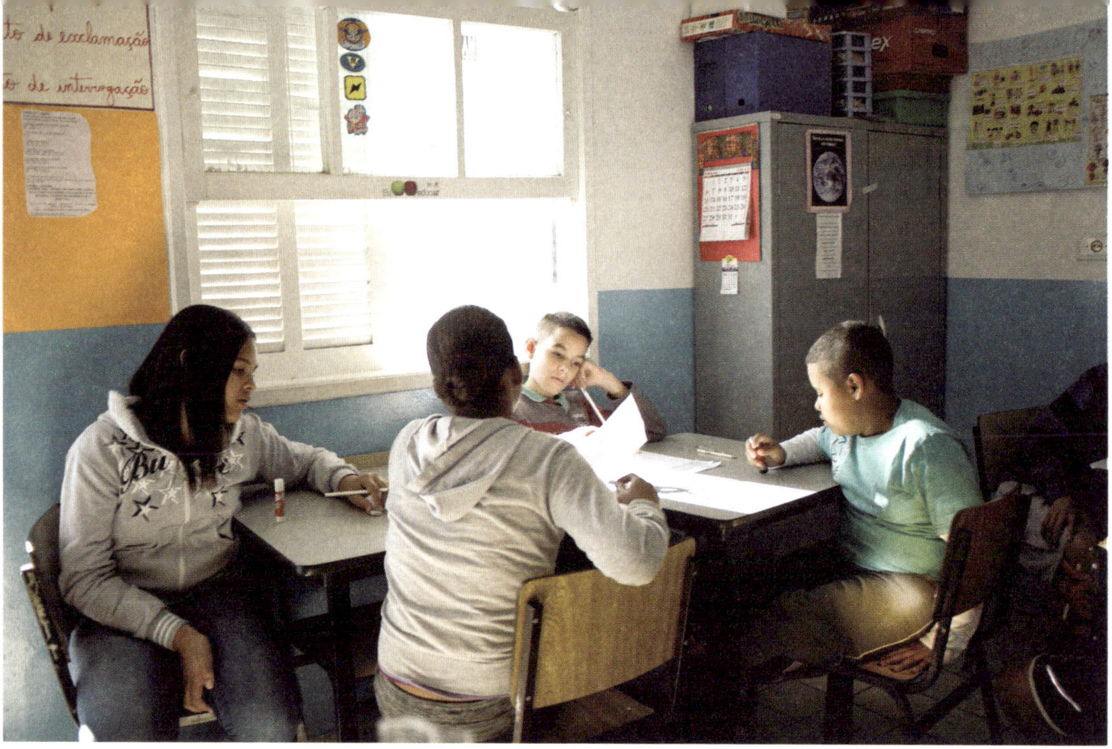
to de exclamação
to de interrogação

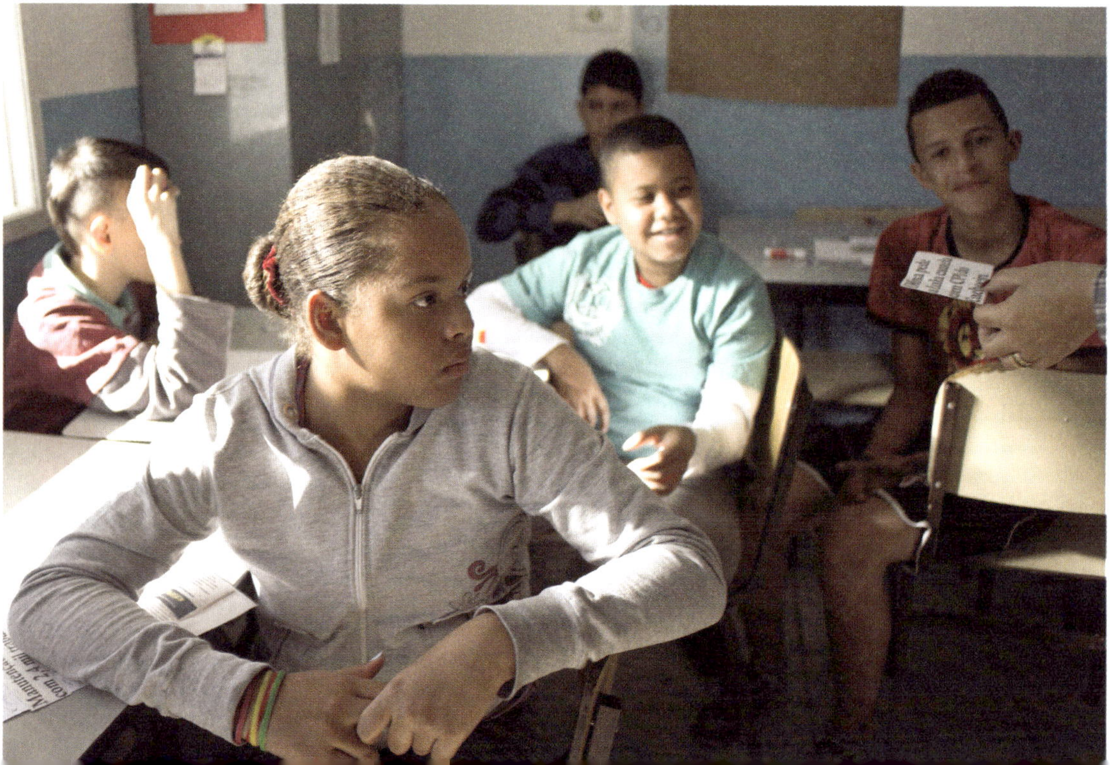

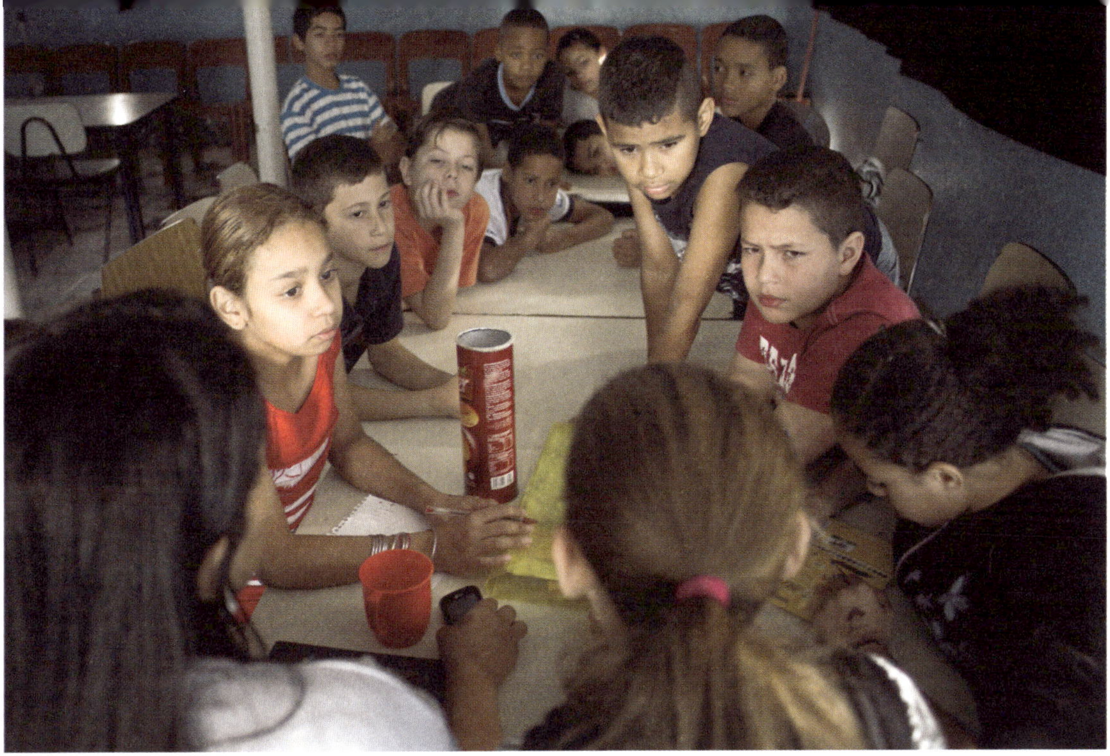

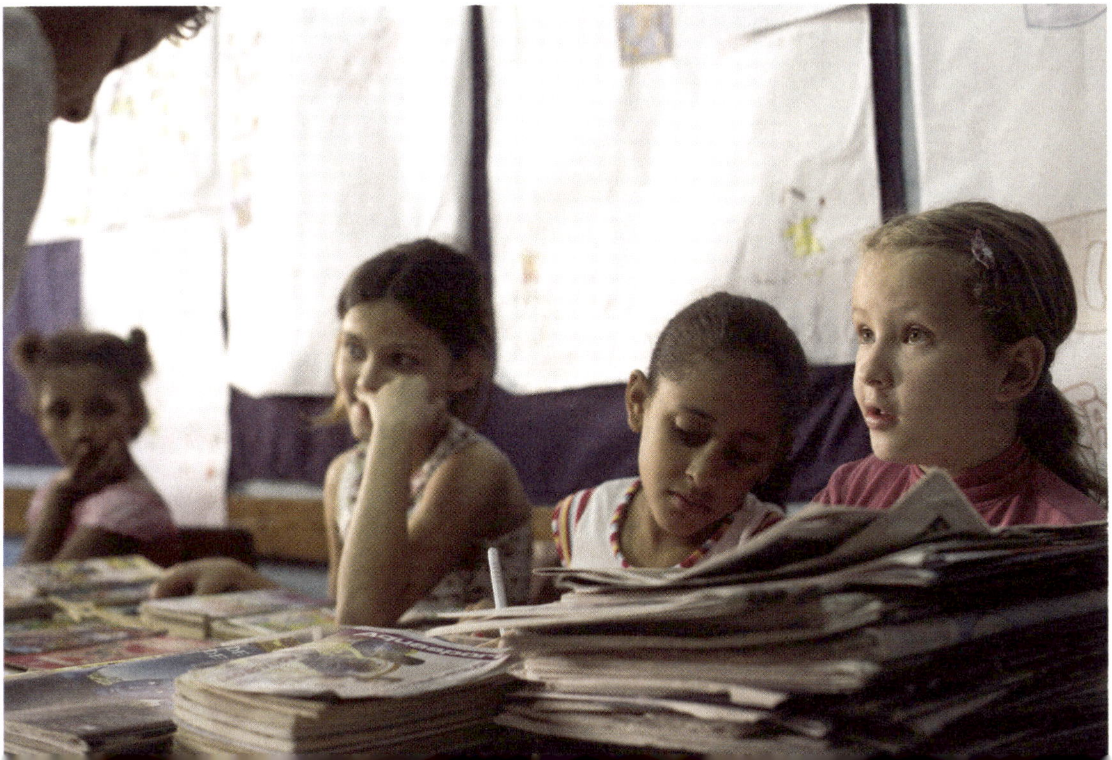

manifesto - **mantenedor**

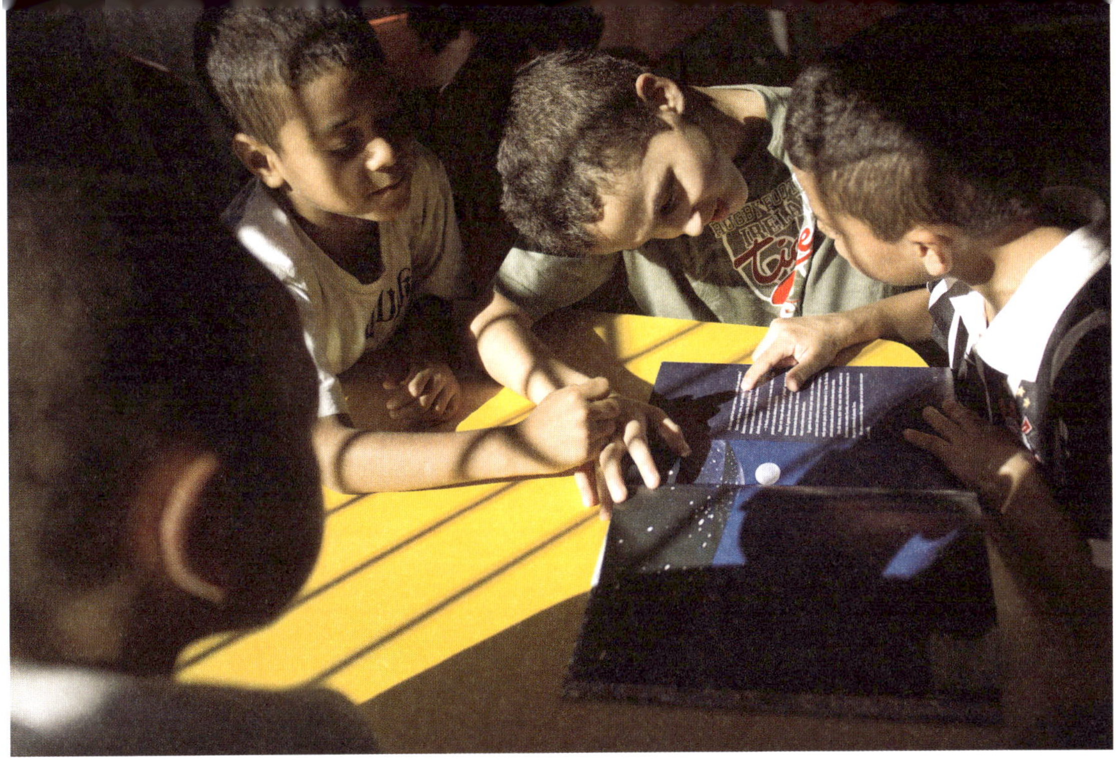

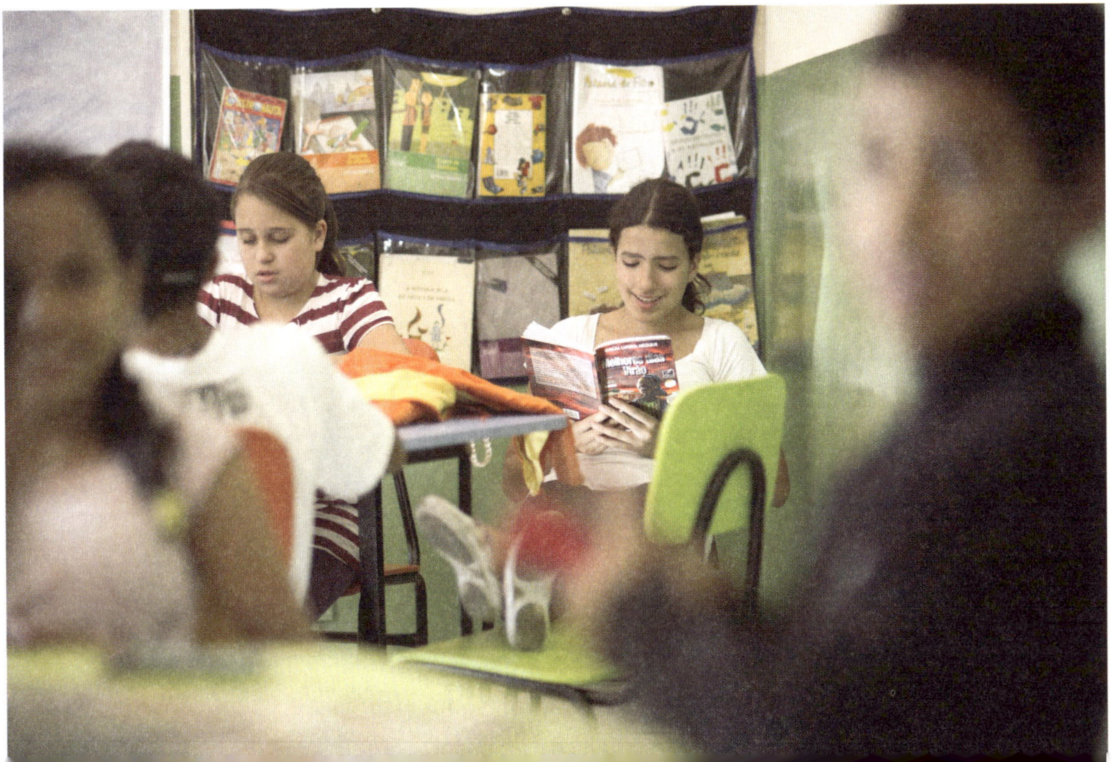

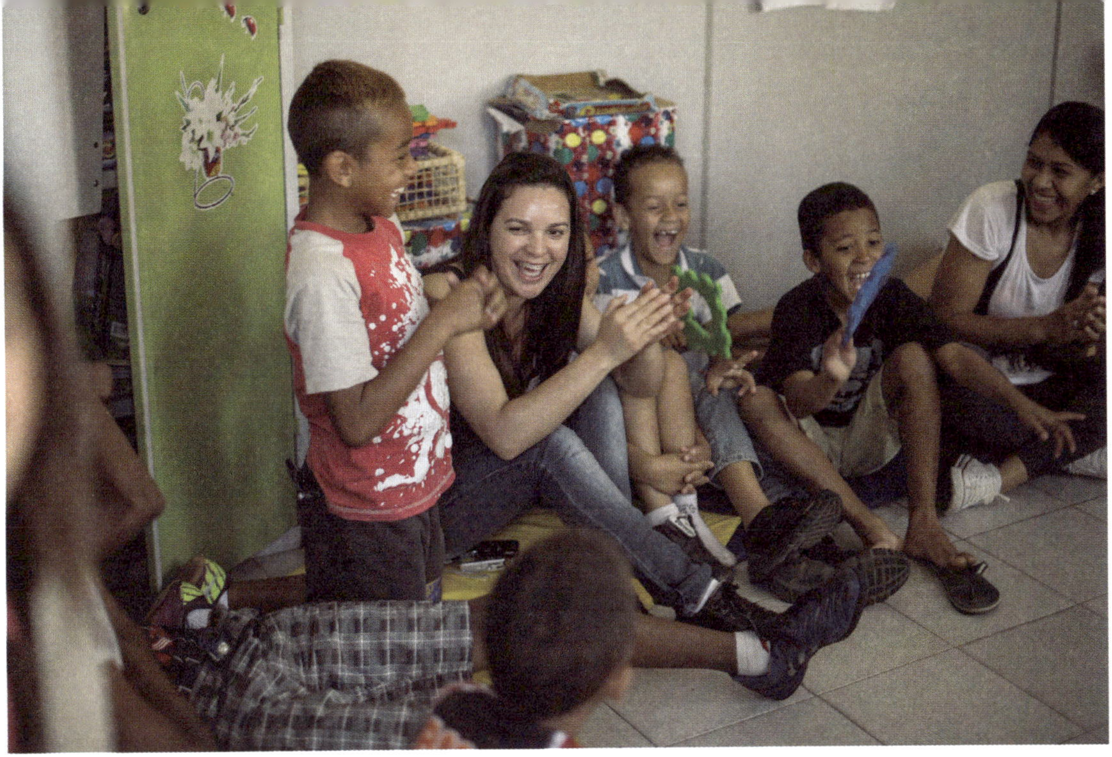

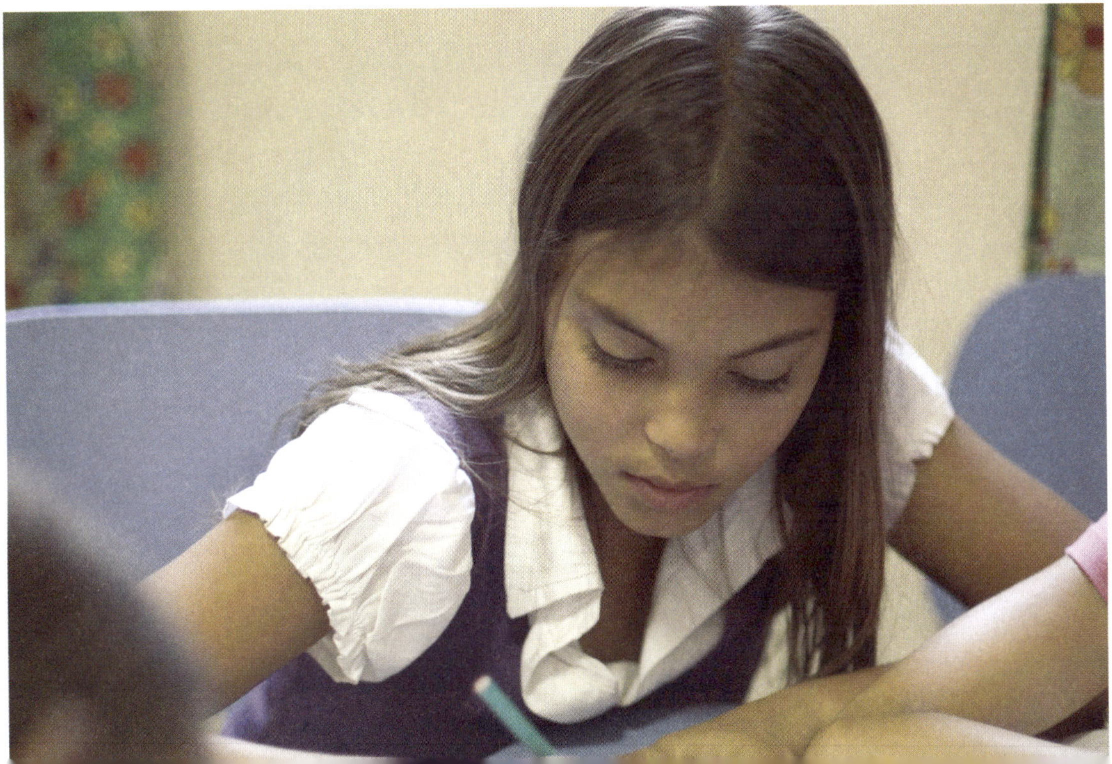

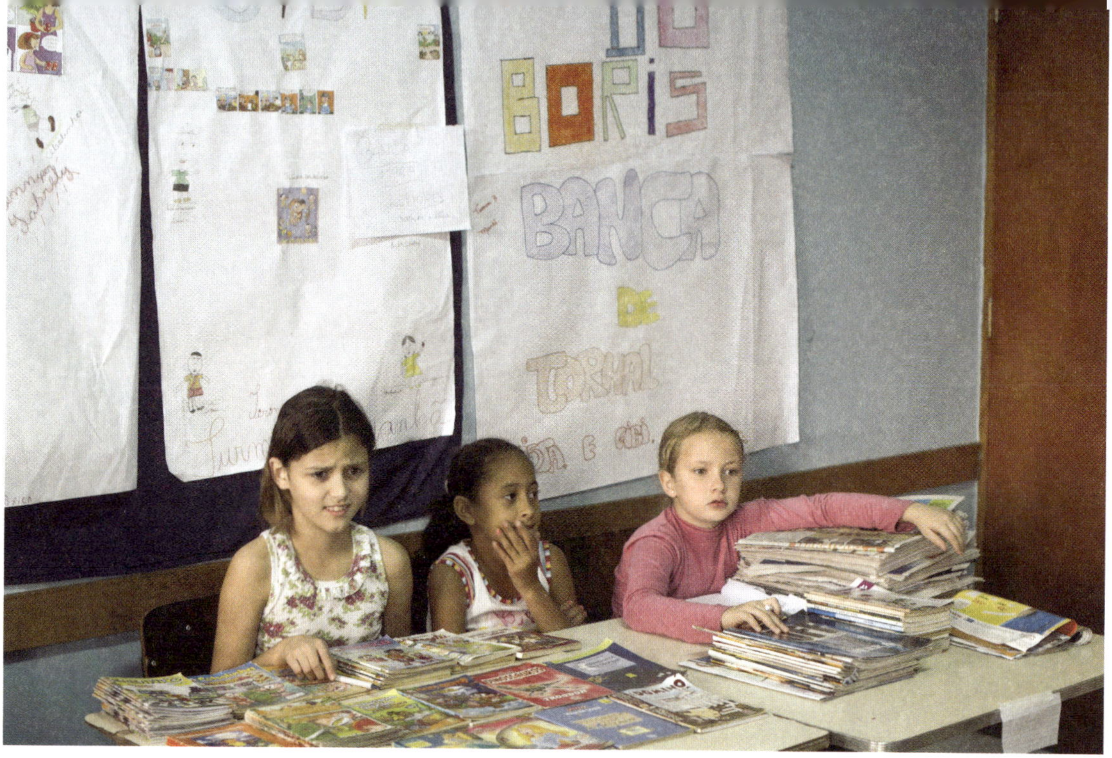
BORIS
BANCA
DE
E GIBI

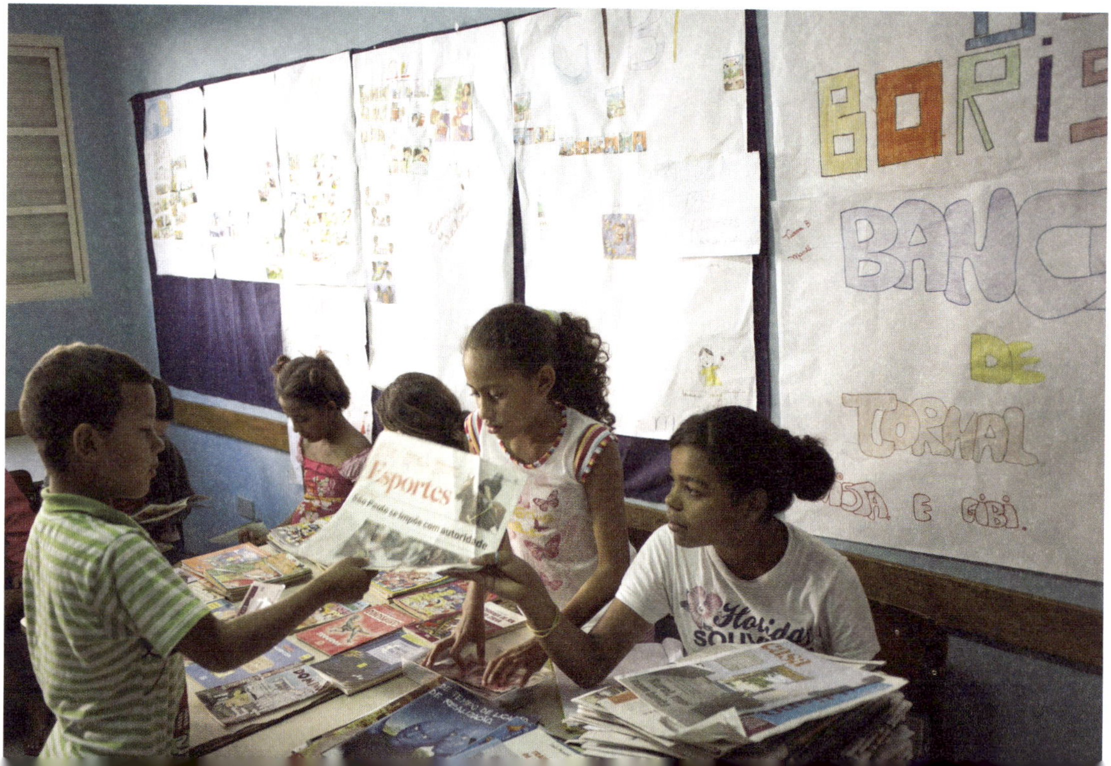
BORIS
DE
E GIBI.
Esportes

SÃO PAULO 21 DE MAIO DE 2012
MELISSA OLIVERA DA ALMEDA
FASER UM DESNHO SOBRE A PAZ

evolução escolar

SESI

Nome: Edson Idade: 11
Escola: Série:
CCCA: Data: 02/2011

Sondagem I – Leitura e escrita

Ditado de palavras

TEPAE — TEMPESTADE
PEA — PLANETA
UA — CHUVA
OAU — SOL
ATPAE POOECE — A TEMPESTADE PROVOCOU ENCHENTE.

Parlenda

MACO P M N O K B O T L Q O R S S O K O M E D I I S O E S O
U A M S S O U A S M U A B O A U B O

Observações:

Sondagem diagnóstica realizada em janeiro de 2011, no ingresso do aluno Edson, de 11 anos.

São Paulo 19 de Fevereiro de 2013
Edson Souza Marinho
13 anos

1) O QUE VOCÊ MAIS GOSTA NO CCA MINA?

2) AS AULAS DO SESI TE AJUDARAM NA ESCOLA?

São Paulo 22 de junho 2011
Neme Jonatas Kiela de sazas
traguedo   4°B
Nacimeto: 2001

ditado

espeios

ternario

paicao
x
pas
x

Suto uma grade paichão pera muito mãe.
Ox i damigo pede cachibo e diclo
date n tuch o taula e vadoje bato no
gete é fraco o geto cai no bolaco
i bolaco e judo o cabau o seu mudo

Sondagem diagnóstica realizada em fevereiro de 2011, no ingresso do aluno Jonatas, de 10 anos.

São Paulo 14 fevereiro de 2013

Nome: Jonatas Kiero de Souza
idade 12 anos

O que eu faço no CCA

Quando eu chego no CCA eu almoço e depois eu subo para fazer atividade de Matemática e Particular. Essas atividades me ajudam a escola.
Na aula da Pala... eu me-xo na matética, também faço atividade e assisto filme quando ... tem ... nada a fazer.

Atividade feita pelo aluno Jonatas dois anos depois de acompanhamento pelo Programa SESI-SP na Trilha dos Saberes.

Sondagem diagnóstica realizada em fevereiro de 2010, no ingresso do aluno Josielton, de 10 anos.

O que o CCA e o SESI representam para mim?

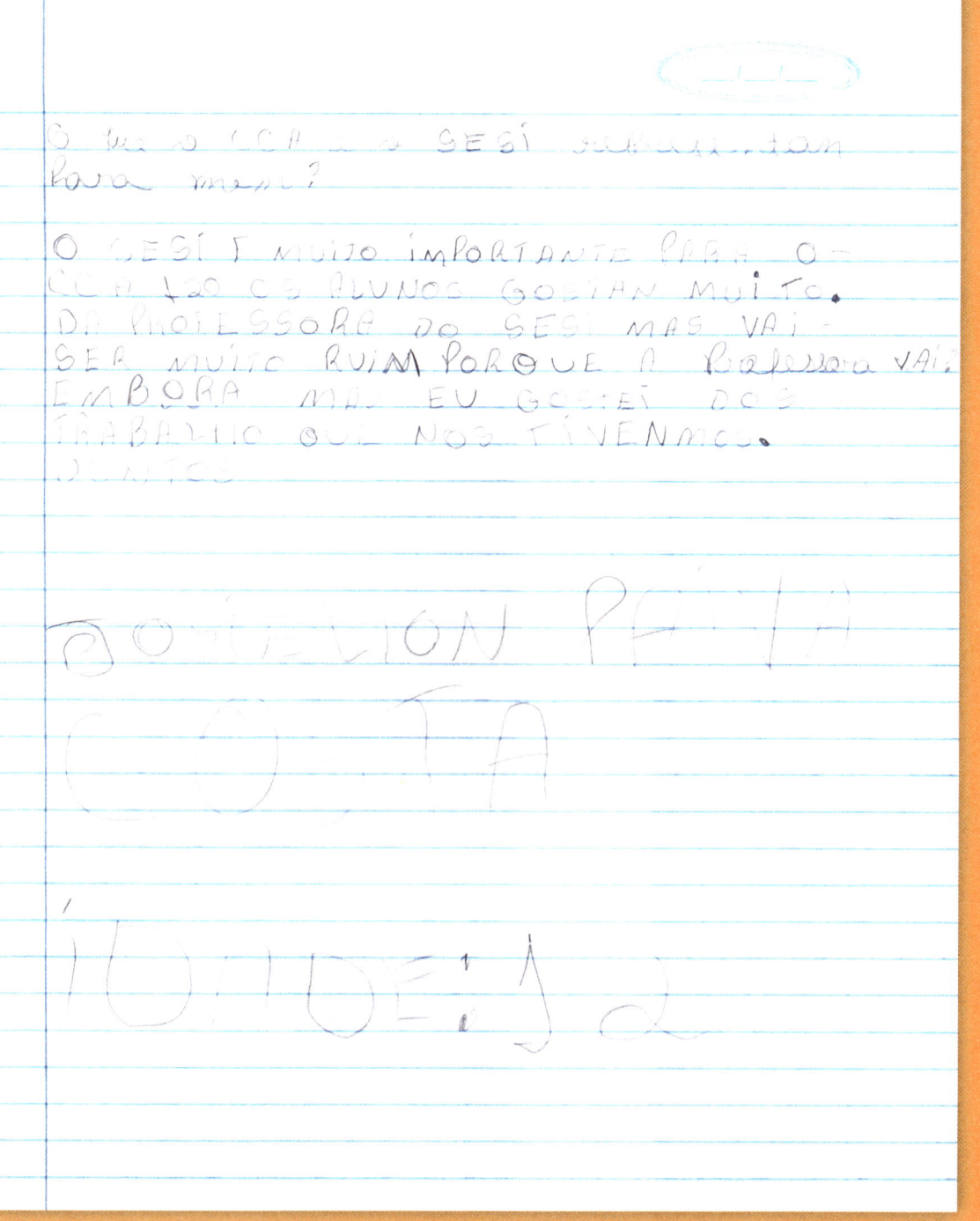

O SESI é muito importante para o CCA, pois os alunos gostam muito da professora do SESI mas vai ser muito ruim porque a professora vai embora mas eu gostei dos trabalho que nós tivemos juntos.

JOSIELTON PEITA COSTA

Atividade feita pelo aluno Josielton dois anos depois de acompanhamento pelo Programa SESI-SP na Trilha dos Saberes.

05-2-12
São Paulo 3 de maio d-2,12
aluna Liliana 4:6

xxxx
AVALIAÇÃO DE PORTUGUÊS
xxxx
QUAL DELAS PALAVRAS É UM ANIMAL?

x m x
PANELA
x
MACAKRÃ
x
(PATO)
x
CADEIRA
x
LIADO DE PALAVRAS
x
COTIMETO

PLANTA

ALHO

SAO

ACOMI DA SETA COMUTO SAO

Sondagem diagnóstica realizada em fevereiro de 2012, no ingresso da aluna Liliane.

são paulo 1º FEVEREIRO DE 12/3
Liliane Silva ... 9 ...

... faço no CCA
EU CHEGO NO CCA EU TOMO CAFE. DEPOIS VOU
PARA TRUMA MARIANA EU BRINCO JOGOS DE DAMA
COM O MATEUS E QUA SE SENPRE EU GANHO.
NA AULA DA NELI EU FAÇO MATEMATICA E
PORTUGES E ESCREVO HISTORIA.

NELI

LILIANE

LILIANE   NELI

Atividade feita pela aluna Liliane menos de um ano depois de acompanhamento pelo Programa SESI-SP na Trilha dos Saberes.

Nome: MARCELO Idade: 8
Escola: Série:
CCCA: Data: 02/2011

Sondagem I – Leitura e escrita

Ditado de palavras

TEPTADE   TEMPESTADE
PANETA   PLANETA
SOVA   CHUVA
SON   SOL
ATEPETADEPOVOUEXETI   A TEMPESTADE PROVOCOU

Parlenda

MACACOUDADO CABEXADE CATEU

Observações:

Sondagem diagnóstica realizada em fevereiro de 2011, no ingresso do aluno Marcelo, de 8 anos.

SÃO PAULO 14 DE FEVEREIRO DE 2013
MARCELO SILVA DE ALENCAR
           9 ANOS

O QUE EU MAIS GOSTO NO CEA?

DIA 28 DE FEVEREIRO EU FAÇO ANIVERSÁRIO
EU FAÇO 10 ANOS.

EU VOU PRECISA PRA FAZER LIÇÃO E BRINCAR
E JÁ MUDEI DE TURMA, AGORA EU ESTOU
NA TURMA DOS GRANDES.
EU VOU ESTUDAR MATEMÁTICA E PORTUGUÊS
E O QUE MAIS EU GOSTO ....
.... DE NDE GOSTA E
MAIS
....
....

Atividade feita pelo aluno Marcelo dois anos depois de acompanhamento pelo Programa SESI-SP na Trilha dos Saberes.

Agora vamos falar de Bienal.

A Bienal é [realizada] em cada 2 anos.

O terreiro que [nós] estudamos [é] a pele do [...]

A frase é "há sempre um copo de mar para um homem navegar".

A Bienal fala [muito] [...] da realidade [da] [nossa] comunidade.

Agora porque muita pessoas preparam [...] que tem o mesmo [...] [artís]tico que nós e nos prepara para [...] [um] [marco] de [...] que está [...] [...]

A [várias] [...] [...] coisas que [...] [...] [...] a realidade.

Redação que mostra o impacto positivo da inclusão das artes no *Programa SESI-SP na Trilha dos Saberes*.

Zezé, Genésia, Carla e Cleide.

Editor	Rodrigo de Faria e Silva
Editoras assistentes	Juliana Farias
	Ana Lucia Sant'Ana dos Santos
Pesquisa e levantamento documental	Paulo de Camargo
Colaboradores	Carla Govêa
	Genésia Ferreira da Silva Miranda
	Maria José Zanardi Dias Castaldi
Produção gráfica	Paula Loreto
	Camila Catto
	Valquíria Palma
Capa, projeto gráfico e diagramação	[sic] comunicação
Fotos (capa e miolo)	Marcelo Soubhia
Revisão	Monalisa Neves
	Muiraquitã Editoração Gráfica

SESI-SP Editora
Avenida Paulista, 1313, 4º andar – Bela Vista
CEP 01311-923 – São Paulo – SP
Tel.: (11) 3146-7308
editora@sesisenaisp.org.br

Este livro foi composto em Caecilia Lt Std e impresso pela Nywgraf em papel offset 120 g/m² para SESI-SP Editora na cidade de São Paulo, em outubro de 2013.